Para mi buen amigo Blair Robertson,
importante hipnotista canadiense.

INTRODUCCIÓN

Tiempo infinito, sin comienzo ni fin, me ha sido dado,
heredo eternidad, y he recibido perpetuidad.
Libro egipcio de los muertos (c. 1450 a. C.)

Debió de ocurrir al menos hace un cuarto de siglo, pero lo recuerdo como si hubiera sucedido apenas la semana pasada. Mi cliente, una mujer de mediana edad, se sentó en mi silla reclinable mientras la regresaba a su infancia para ver si podíamos determinar la razón oculta de su problema de peso.

Éste es un procedimiento estándar con personas que tienen problemas serios de sobrepeso. Normalmente podemos regresar a lo que originó el patrón de constante aumento de peso. Y una vez que la persona identifica el origen del problema, y puede liberarse de él, el peso empieza a disminuir y luego a estabilizarse.

Normalmente, el incidente es algo insignificante que ocurrió en la infancia o la adolescencia; invariablemente se trata de una situación que fue dolorosa en aquel momento, pero que conscientemente se ha olvidado. Regresar a ella y observarla desde el punto de vista de un adulto maduro, les permite a mis clientes reconocer que ya no deben llevarla con ellos, junto al exceso de peso que tienen. Por consiguiente, es una técnica muy efectiva.

—Quiero que regrese ahora –le dije a mi cliente– a la primera situación en la que inició sus problemas de peso. Le será fácil hacerlo y permanecerá en calma, sin importar en qué situación se encuentre. Retroceda ahora a través del tiempo y el espacio hasta el primer incidente que se relacione con sus razones para estar aquí hoy.

—Estoy ahí. –La voz de mi cliente se había vuelto más profunda, y aunque estaba descansando tranquilamente en la silla, su lenguaje corporal parecía haber cambiado sutilmente.

—¿Dónde está?

—Están peleando.

Mi primer pensamiento fue que sus padres habían estado riñendo, pero es mejor no dar nada por sentado.

—¿Quiénes están peleando? –pregunté.

—Todos. Todos los adultos. Hay ruidos y fuegos. Personas muertas en todas partes.

Ésta no fue una regresión normal. La mujer era demasiado joven para haber vivido la II Guerra Mundial, y yo no podía pensar en otro conflicto en el que ella pudiera haber participado.

—¿Dónde está? –pregunté.

—En casa. –La cara de la mujer mostró angustia y empezó a llorar.

Inmediatamente le dije que retrocediera y observara la escena imparcialmente, como si le estuviera sucediendo a otra persona.

—Mi casa no está –dijo ella entre lágrimas–. La casa, la ciudad, todo desapareció. Sólo hay lucha. Y luego todo queda quieto; no hay nadie, únicamente yo.

—¿En qué país está? –pregunté, pensando aún que ella hablaba de un evento de esta vida. Meneó la cabeza y suspiró.

—¿En qué año se encuentra? –continué. Tampoco obtuve respuesta.

Gradualmente cesó el llanto, y mi paciente empezó a hablar. Sus padres murieron en la lucha, y ella no tenía idea de lo que había sucedido con sus hermanos. Su ciudad estaba destruida, y ella y otros supervivientes vivían con las migajas de alimentos que podía encontrar. Hacía un calor insoportable durante el día y un increíble frío por la noche. Pronto se agotó la comida, y la mujer finalmente murió de hambre.

Estaba calmada cuando la regresé al presente. No parecía del todo sorprendida por haber retornado a una vida pasada. Yo tenía que dar la impresión de que esto sucedía de forma habitual, aunque era la primera vez que había experimentado tal fenómeno.

Hablamos de la situación que ella había descubierto y de cómo se relacionaba con su actual problema de peso. Obviamente, debido a que murió de hambre en una anterior encarnación, estaba subconscientemente decidida a que nunca ocurriese de nuevo, y comía cualquier alimento que fuera colocado frente a ella. Cuando fue consciente de esto, su exceso de peso disminuyó y se convirtió en un maravilloso anuncio para mi práctica de hipnoterapia.

Este ejemplo es extremo. Normalmente, cuando regreso a alguien a su infancia, el incidente inicial es trivial desde una perspectiva adulta. Puede haber sido simplemente un mal comentario sin intención. Una paciente mía regresó a una ocasión en que estaba con su padre y vio a unas prostitutas que llevaban ropas de colores brillantes.

—Mira esas hermosas mujeres –dijo ella.

Su padre se volvió para verlas y se quedó horrorizado. Le dio un tirón del brazo a su hija.

—No las mires –dijo.

Desde este incidente la niña fue consciente de que a su padre no le gustaban las mujeres bonitas y se volvió obesa intentando complacerlo. Naturalmente, una vez que retornó este recuerdo olvidado durante tanto tiempo, mi paciente pudo ver por qué había ganado peso, y luego pudo perderlo permanentemente.

A través de los años, muchas personas han regresado espontáneamente a sus vidas pasadas estando en mi oficina. A veces ha sido una experiencia inquietante, especialmente para quienes no habían pensado previamente en la posibilidad de encarnaciones anteriores. Pero fue esa primera regresión espontánea la que hizo cambiar el énfasis en mi práctica de hipnoterapia, y me convirtió en un especialista en vidas pasadas. De todos modos estaba interesado en el tema, y tenía varios recuerdos que no se relacionaban con las experiencias de mi actual existencia. El concepto de la reencarnación siempre me pareció muy lógico.

Rápidamente me di cuenta que no había un solo método que funcionara con todos. Yo adoro la hipnosis, pero averigüé que no todo el mundo comparte mi entusiasmo por dicho campo. Muchas personas tienen diversos temores respecto al hipnotismo. Piensan que podrían perder control, dejar escapar un secreto de culpabilidad, o tal vez hacer algo que normalmente nunca harían. Ninguna de estas cosas es posible, pero si la persona lo piensa así, la hipnosis no se puede llevar a cabo.

Asimismo, no todos regresan a una vida pasada. Hay tres posibles razones para esto. La primera es el miedo. Si alguien está aterrado por lo que podría experimentar, o tal vez tiene complejos religiosos sobre la reencarnación, no se relajará lo suficiente para permitir que fluyan los recuerdos de anteriores encarnaciones. Además, si no hay empatía entre el hipnotista y el sujeto, este último podría no relajarse adecuadamente para que suceda.

Una segunda posible razón es que la persona tal vez no haya tenido vidas pasadas. En este caso, él o ella es una «alma nueva» y no ha estado aquí antes. Aún no he encontrado a nadie en dicha situación. Creo que todas las almas fueron creadas al mismo tiempo, pero se han desarrollado en etapas diferentes desde su creación.

Una última probable razón es que los eventos de la vida anterior más reciente fueron tan traumáticos que la mente subconsciente de la persona los ha aislado deliberadamente, y ha cerrado el acceso a todas las otras encarnaciones pasadas. Esto es particularmente probable si la persona experimentó una muerte horrible.

Por consiguiente, a través de los años he ensayado diferentes métodos para ayudar a las personas a regresar a sus vidas pasadas. Tenía que encontrar diversas técnicas para usar con personas que no se dejasen hipnotizar, o que no recordasen vidas pasadas en estado de hipnosis. En este libro he incluido los métodos más efectivos. Todos somos diferentes, por eso encontrarás que algunas de las técnicas presentadas son más apropiadas para ti que otras. Primero lee el libro en su totalidad, y decide qué procedimientos te atraen más. Éstos probablemente serán los que mejores resultados te darán.

Si deseas descubrir recuerdos de vidas anteriores que han sido olvidados hace mucho tiempo, podrás hacerlo utilizando las técnicas explicadas aquí.

I

TUS MUCHAS
VIDAS PASADAS

El nacimiento no es un comienzo; la muerte no es un fin.
CHUANG TZU *(369?-286? a. C.)*

«Mi esposo y yo nos fuimos de *camping* el verano pasado. Nunca lo habíamos hecho antes, y a mí se me hizo difícil dormir al aire libre bajo las estrellas. Era hermoso acostarme ahí en los brazos de mi marido, pero cuando él se dormía yo permanecía despierta durante horas esperando un ataque en cualquier momento. A los tres días de vacaciones por fin pude quedarme dormida a medianoche, y soñé que era un joven indio americano perdido en la misma área en que acampábamos. Podía sentir el nerviosismo y temor del muchacho mientras luchaba por encontrar alimento y llegar a casa. Él se acostaba en el suelo por la noche, como yo lo estaba haciendo, y no podía dormirse debido a los sonidos que escuchaba. Creía que lo perseguían, y constantemente miraba hacia atrás. Lo hacía todos los días. Finalmente se sintió tan agobiado que empezó a correr. Tropezó con la raíz de un árbol, se cayó y se rompió una pierna. No podía moverse, y permaneció en el suelo esperando la muerte. Cuando desperté estaba sudando y mi corazón latía aceleradamente. Estaba convencida de que yo era ese joven indio. La experiencia era demasiado vívida y real para ser un sueño».

«Toda mi vida he tenido este presentimiento, como si algo malo fuera a suceder. El año pasado visité Atenas por primera vez, y cuando fui al Partenón esa sensación me arrolló completamente. Cuando caminaba tropecé, me caí por unas escaleras y luego empecé a llorar. Varias personas me preguntaron si podían ayudarme, pero no había nada que pudiera decirles. Todo lo que sabía era que había estado ahí antes, pero no en esta vida. Algo malo me sucedió en el Partenón y visitarlo de nuevo liberó todos esos sentimientos que siempre había tenido. Desde ese día he estado completamente libre de ellos. No estoy segura de si realmente quiero averiguar lo que sucedió en esa vida pasada».

«Mis hermanos aprendieron a nadar fácilmente, pero yo siempre le tuve terror al agua. Esto me enfurecía, ya que durante nuestras vacaciones pasábamos todo el tiempo cerca del mar. Cuando tenía trece años mis padres me llevaron a un hipnotista porque me comía las uñas. Estando ahí, espontáneamente regresé a una vida pasada en una pequeña isla del Pacífico. Era una buena vida, y nos ganábamos el sustento pescando. Un día regresábamos apresurados a casa huyendo de una inminente tormenta, pero ésta nos atrapó. Yo caí por la borda, y aunque era un gran nadador, me ahogué. Hasta entonces nunca había pensado en la reencarnación. El hipnotista me lo explicó todo, pero nunca se lo comenté a mis padres. La parte más extraña fue que mi esposa en esa vida es ahora mi madre. Eso me confundió durante años».

¿Alguna vez te has hecho preguntas sobre tus vidas pasadas? Muchas personas lo hacen. Para algunos este interés se despierta por un vago recuerdo de algo que sucedió en el pasado. Para otros, por el deseo de conocerse más –dónde han estado y hacia dónde van–. Sin importar cuáles sean tus razones, puedes explorar exitosamente tus vidas pasadas.

La gente ha creído en la reencarnación durante miles de años. Esta creencia es universal. En Asia, América, África, Australia y Europa se cree que la muerte no es el fin y que renaceremos en otro cuerpo.

En los países orientales la reencarnación siempre se ha dado por sentada. Es parte esencial del hinduismo, el budismo y el jainismo entre otras religiones. Originalmente no se incluía en el sintoísmo, pero cuando el budismo llegó a Japón en el siglo XII, gradualmente se hizo parte de sus creencias. La reencarnación no aparece en las filosofías islámicas, pero la secta sufí acepta el concepto de renacimiento.

Los antiguos egipcios enterraban hechizos mágicos con los fallecidos para permitirles renacer en la forma que eligieran. En la Grecia del siglo VI a. C., el culto órfico enseñaba que somos parte humana y parte divina. A medida que pasamos a través de diferentes encarnaciones, aprendemos a eliminar el lado malo de nuestra naturaleza y finalmente nos hacemos divinos. En esta etapa, por supuesto, el ciclo de renacimiento se completa.[1]

Las ideas de los órficos fueron adoptadas posteriormente por Pitágoras y se hicieron parte integral de su filosofía. Pitágoras pudo recordar sus vidas anteriores. Iamblichus, en su *Life of Pitagoras* (Vida de Pitágoras), escribió, «Lo que Pitágoras quería indicar con todos estos detalles era que conocía las vidas pasadas que había tenido, lo cual le permitió llamar la atención de otros y recordarles sus anteriores existencias».[2] Pitágoras recordó vidas como el guerrero troyano Euforbo, el profeta Hermotimus (quien fue quemado por sus rivales hasta morir), el pescador chipriota Pirro, una prostituta en Fenicia, y en Tracia fue un campesino y la esposa de un tendero.[3]

---

1 Historia, *The Case for Rebirth*, 1.
2 Iamblichus, *Life of Pythagoras*, 4.17.
3 Walker, *Masks of the Soul*, 32-33.

Sócrates también creía firmemente en la reencarnación. Según parece pasó la última mañana de su vida pensando en cómo existiría el alma antes que alguien naciera, y cómo continuaría viviendo después que hubiera muerto el cuerpo físico. Sócrates usó la filosofía para analizar la vida humana, de donde surgió su más famosa frase: «Conócete a ti mismo». Sus ideas originales acerca del alma aún se están debatiendo.

El más célebre alumno de Sócrates, Platón, fue firme creyente de la reencarnación y escribió: «Sepa que si empeora se irá a las peores almas, o si mejora irá a las mejores, y en cada sucesión de vida y muerte hará y sufrirá lo que el semejante puede sufrir en manos de otro».[4] Las ideas de Platón sobre la reencarnación tuvieron un profundo efecto en la filosofía occidental que aún está presente.

Posteriormente, el gnosticismo griego adoptó el concepto de reencarnación. Esta filosofía jugó un papel importante en las primeras creencias cristianas. En el siglo II de nuestra era, Clemente de Alejandría escribió que nos desarrollamos a través de un proceso de muchas reencarnaciones. Orígenes, uno de los más importantes teólogos de esa época, estuvo de acuerdo con él.

Diferentes pasajes de la Biblia aceptan el concepto de reencarnación. En Mateo 11, 13-15 Jesús les dice a sus discípulos que Juan Bautista había tenido una vida anterior: «Porque todos los profetas y la ley profetizaron hasta Juan. Y si queréis recibirlo, él es aquel Elías que había de venir. El que tiene oídos para oír, oiga». Esto se confirma en Mateo 17, 12, donde Jesús dice: «Mas os digo que Elías ya vino, y no le conocieron, sino que hicieron con él todo lo que quisieron; así también el Hijo del Hombre padecerá de ellos». En otra ocasión Jesús preguntó a sus discípulos «¿Quién dicen los hombres que es el Hijo del

---

4   Platón, *The Laws,* 155.

Hombre?». Ellos dijeron: «Unos, Juan el Bautista; otros, Elías; y otros, Jeremías, o alguno de los profetas» (Mateo 16, 13-14).

Los discípulos hacen referencia a la reencarnación cuando preguntan a Jesús sobre un hombre que era ciego de nacimiento: «Y le preguntaron sus discípulos, diciendo: "Maestro, ¿quién pecó, éste o sus padres, para que haya nacido ciego?"» (Juan 9, 2). Obviamente, habría sido imposible para este hombre pecar antes de nacer, a menos que lo haya hecho en una vida anterior. Es interesante observar que Jesús no reprende a los discípulos por pensar de esta manera: «Jesús respondió, "No es que pecó éste, ni sus padres, sino para que las obras de Dios se manifiesten en él"» (Juan 9, 3).

Desafortunadamente, en el año 553 el Concilio de Constantinopla declaró que la reencarnación era una doctrina herética. La Iglesia cristiana inmediatamente renunció a ella y forzó a sus creyentes a que abandonasen su creencia. El concepto de reencarnación fue de nuevo considerado herético por el Concilio de Lyon en 1274 y el Concilio de Florencia en 1493. La persona que creyera en la reencarnación se arriesgaba a ser mandada a la hoguera.

A pesar de todo, esta creencia no desapareció. Posiblemente la más famosa de las sectas clandestinas que adoptaban dicha idea fue la de los cátaros, finalmente destruidos por la Inquisición. Conviene observar que las únicas referencias a la reencarnación en la Biblia son favorables.[5]

---

5   La Biblia incluye varias referencias sobre la reencarnación: Job 4, 8; Proverbios 8, 22-31; Eclesiastés 1, 9-11; Malaquías 4, 5; Mateo 16, 13-14; Mateo 17, 9-13; Mateo 11, 11-15; Marcos 9, 13; Romanos 9, 10-13, y Revelación 3, 12. Además, los libros Apócrifos se encuentran en ediciones católicas romanas de la Biblia. En ellos, en la Sabiduría de Salomón 8, 19-20, leemos «Ahora fui un hijo bueno por naturaleza, y una buena alma cayó a mi destino. Más aún, siendo bueno, llegue a un cuerpo inmaculado».

Durante el Renacimiento en Europa hubo un resurgimiento repentino en el interés por las ideas de Pitágoras, la cábala y el platonismo. Leonardo da Vinci fue una de las muchas personas que aceptaba el concepto de reencarnación. Sus *Cuadernos* incluyen varios pasajes que expresan su creencia en la eternidad del alma. Cuando Giordano Bruno fue encontrado culpable de herejía y condenado a muerte en 1600, dijo a la Inquisición, «He sostenido y sostengo que las almas son inmortales… Ya que el alma no es encontrada sin cuerpo y sin embargo no es cuerpo, puede estar en uno u otro, y pasar de cuerpo a cuerpo».[6]

El concepto de reencarnación aparece en la cábala judía[7] y el Zohar.[8] Hay numerosas menciones favorables del tema en el Bhagavad Gita y Upanisad indios, y las referencias encontradas en el Corán islámico[9] también son favorables. En el budismo, el propósito final es ser liberado del interminable ciclo de renacimiento y alcanzar el nirvana. De hecho, el concepto de reencarnación, o una variante de él, puede encontrarse en las tradiciones de la mayoría de pueblos en todo el mundo.

El interés en la reencarnación creció en los siglos XVIII y XIX. Benjamin Franklin y Thomas Paine escribieron sobre el tema en América. Al mismo tiempo, en Europa, el concepto fue difundido al público por Voltaire, Victor Hugo, George Sand y Gustave Flaubert en Francia; Johann von Goette, Immanuel Kant y Gotthold Lessing en Alemania; y David Hume y Alexander Pope en Inglaterra.

El renovado interés en la reencarnación empezó con el trabajo de la Sociedad Teosófica, que estaba destinada a ser una

---

6   Head and Cranston, *Reincarnation,* 99.

7   *Yalkut Re'uveni* (trad. Fitzgerald), nos. 1, 8, 61, 63.

8   *Zohar* (trad. Sperling and Simon), 2:99.

9   *El Koran* (trad. Rodwell), 2:28, 5:60, 71:17-18.

hermandad universal que promovía el estudio comparativo de religión, filosofía y ciencia, e investigaba las inexplicables leyes de la naturaleza. Actualmente, la sociedad no promueve dogmas específicos, pero tiende a aceptar la reencarnación y el karma. La Sociedad Teosófica fue fundada en 1875 por madame Helena Blavatsky, Henry Olcott y William Judge. Madame Blavatsky afirmó que ella había sido Pitágoras y Paracelso en anteriores encarnaciones.

En tiempos más recientes, Edgar Cayce (1877-1945), un devoto cristiano, se convirtió en un importante abogado de la reencarnación. Su interés surgió cuando mencionó este término y la palabra karma mientras estaba en trance. Él no había oído nada sobre el término karma y pensaba que la reencarnación era algo enseñado por paganos. Afortunadamente, sus amigos lo motivaron para que continuara con su trabajo, y después de alguna experimentación llegó a la conclusión de que no había nada malo o pagano en lo que estaba haciendo. De hecho, su capacidad para penetrar en las vidas pasadas de las personas le permitió ser mucho más efectivo que nunca antes, ya que podía tratar el cuerpo y también la mente de sus pacientes. Entre 1923 y 1945, Cayce hizo unas 2500 regresiones, y todas están conservadas en la Association for Research and Enlightenment en Virginia Beach.[10] Estas lecturas muestran vívidamente cómo las actitudes y personalidades de los individuos cambian y se desarrollan mientras pasan de una vida a otra.

El interés en la reencarnación siguió aumentando constantemente durante todo el siglo XX. Alexander Cannon, un psiquiatra británico, y el coronel Alberto de Rochas, un médium pionero francés, exploraron regresiones hipnóticas a comienzos de siglo. Incluso Aleister Crowley escribió un libro sobre su método de recordar vidas pasadas. En los años cincuenta, el

---

10   Langley, *Edgar Cayce on Reincarnation,* 10.

famoso caso de Bridey Murphy en Estados Unidos, seguido por los recuerdos de vidas anteriores de la señora Naomi Henry en Inglaterra, crearon gran emoción e interés. Estos recuerdos fueron descubiertos por medio de la hipnosis.

Un hipnoterapeuta galés llamado Arnall Bloxham también estuvo explorando regresiones hipnóticas a vidas pasadas durante muchos años, y registró más de cuatrocientas sesiones. Jeffrey Iverson, el productor de un programa de televisión sobre las cintas de Bloxham, posteriormente escribió un libro llamado *More Lives than One*, el cual se convirtió en superventas en 1976.

En 1983 se publicó *Out on a Limb*, el primer libro sobre reencarnación de Shirley MacLaine. Fue tan popular que se convirtió en el tema de una miniserie de televisión. Sus libros son fáciles de leer y principalmente están escritos para introducir en la reencarnación al público en general.

En los años setenta, la doctora Helen Wambach regresó hipnóticamente a más de mil personas y recogió una gran cantidad de datos que demuestran la realidad del fenómeno. Con una excepción, todos sus voluntarios fueron personas corrientes en vidas anteriores. La mayoría eran campesinos que tenían vidas increíblemente difíciles. Trabajaban mucho y subsistían con una escasa dieta de comida insulsa. Muchos de sus hijos murieron siendo bebés o niños. No es la clase de vida que las personas inventarían si sólo estuvieran fantaseando.

La doctora Wambach también encontró que aunque la mayoría de sus voluntarios eran blancos y de clase media, frecuentemente eran miembros de razas y sexos diferentes cuando eran regresados a vidas pasadas. Además, ya que hay aproximadamente un número igual de hombres y mujeres en el mundo en cualquier tiempo, esta proporción permanecería constante cuando eran regresadas. Efectivamente éste es el caso. De las 1100 vidas pasadas que Helen examinó, el 49,4 por 100 fueron mujeres y el 50,6 por 100 hombres.[11] Se ha dicho que si estas regresiones fueran puras fantasías, la mayoría de las personas habría escogido ser un hombre blanco.[12] Ya que éste no fue el caso, indica que estos recuerdos de vidas anteriores son genuinos.

El estudio de la doctora Wambach también responde otra importante pregunta. ¿El hecho de que la población mundial esté aumentando constantemente refuta la teoría de la reencarnación? Wambach encontró que sus sujetos regresaban a períodos específicos de la historia exactamente en el mismo grado de frecuencia que ocurriría si la reencarnación fuera una realidad establecida. La población del mundo se duplicó entre los siglos I y XV, se duplicó de nuevo en el siglo XIX, y desde entonces se ha cuadruplicado. Los sujetos de estudio de la doctora Wambach regresaron a vidas pasadas exactamente en la misma proporción.

Más de la mitad de la población mundial da por sentado el concepto de reencarnación. Aceptan que el cuerpo humano, con su personalidad y otras características, efectivamente muere, pero que el alma en sí es inmortal, ha tenido muchas vidas, y experimentará muchas más en el futuro.

Esto es perfectamente natural, ya que es imposible experimentar todo en una sola vida. Sin embargo, durante una serie de vidas podemos encontrarnos en diferentes formas de existencia: podemos ser ricos y pobres, blancos y negros, hombres o mujeres, intelectualmente brillantes y mentalmente incapacitados, radiantemente sanos o lisiados. Podemos vivir en escenarios tecnológicamente avanzados, y después en lugares donde se lucha por sobrevivir. En efecto, todos somos iguales. Es probable que el conocimiento de la reencarnación vuelva a las personas más tolerantes con los demás.

---

11 Wambach, *Reliving Past Lives,* 125.
12 Currie, *You Cannot Die,* 292.

Durante un período de muchas encarnaciones, avanzamos o regresamos gradualmente, dependiendo de nuestros pensamientos y acciones en cada vida. Ésta es la ley de causa y efecto. Todos cosechamos exactamente lo que sembramos.

¿Por qué las personas no recuerdan sus vidas pasadas?

Los antiguos griegos creían que los dioses metían en el «río del olvido» las almas que estaban a punto de renacer, para asegurar que se perdieran todos los recuerdos de vidas anteriores. De hecho, probablemente es positivo que la mayoría de la gente no las recuerde. Todos los recuerdos dolorosos y difíciles de existencias previas harían casi imposible progresar en la vida actual.

La mayoría de las personas nacen sin recuerdos conscientes de sus anteriores encarnaciones. Sin embargo, muchos recuerdan visiones momentáneas de sus vidas pasadas, a veces con gran detalle. Toda mi vida he tenido el recuerdo de ser un niño pequeño sentado al lado de una enorme hoguera con el estómago lleno mirando grandes círculos rojos dando vueltas. De adulto descubrí que los círculos rojos eran el forro interior de los vestidos negros que usaban las campesinas rusas. Ya que bailaban alrededor del fuego, todo lo que podía ver eran los círculos rojos. Obviamente, ése fue un recuerdo de una vida pasada, pero era sólo una visión parcial de un momento feliz. Tuve que llegar a la edad adulta para descubrir más acerca de esta anterior encarnación.

No es sorprendente que quienes recuerdan sus vidas pasadas se encuentren más a menudo en países donde la reencarnación se acepta como parte de sus creencias. Un estudio llevado a cabo en el norte de la India en la década de los setenta, mostró «que casi una de cada quinientas personas afirma recordar una vida pasada».[13] No ha habido estudios similares en Occidente.

El doctor Ian Stevenson ha pasado los últimos cuarenta años investigando casos «tipo reencarnación», y ha escrito una serie de libros bien documentados acerca de sus descubrimientos. A través de los años ha registrado más de 2500 casos, los cuales involucran principalmente los recuerdos de vidas pasadas de niños. Unos 800 casos han sido investigados y analizados.

El doctor Stevenson cree que la evidencia de niños es más convincente que la de adultos. Esto se debe a que no han tenido tiempo de leer novelas históricas o ver películas y programas de televisión que podrían inconscientemente surgir como evidencia de una vida anterior. El acto de recordar cosas enterradas y olvidadas que yacen justo bajo la superficie de nuestra mente se conoce como *criptomnesia*. Stevenson cree que la mayoría de las regresiones hipnóticas extraen estos recuerdos olvidados en lugar de verdaderas vidas pasadas.

Un caso que ha sido minuciosamente investigado por Stevenson y muchos otros es el de Parmod, el segundo hijo de un profesor universitario de la India. Parmod nació en 1944, y tan pronto como pudo hablar dijo las palabras «Moradabad», «Saharanpur» y «Mohan Brothers». Cuando tenía dos años y medio le dijo a su madre que no necesitaba cocinar porque él tenía una esposa en Moradabad. Cuando sus parientes compraban galletas, les decía que era dueño de una gran fábrica de comestibles en Moradabad. Repetidamente pedía ir a Moradabad y decía que era uno de los hermanos Mohan. Mientras el tiempo pasaba surgían más detalles. Dijo que su nombre era Paramanand, un hombre de negocios que había muerto sólo nueve meses y seis días antes de su nacimiento como Parmod.

13 Stevenson, *Where Reincarnation and Biology Intersect*, 1.

Cuando Parmod tenía cinco años, un amigo de la familia descubrió que había una empresa conocida como Mohan Brothers en Moradabad. Mohan Lal, el propietario de esta compañía, se enteró del caso de Parmod, e hizo una visita a la casa del niño en Bissauli. Desafortunadamente, Parmod estaba lejos, en casa de unos parientes, pero se hicieron arreglos para que él fuera a Moradabad.

Cuando la familia llegó a ese lugar, Parmod inmediatamente reconoció a su hermano y lo abrazó cálidamente. Reconoció del edificio del ayuntamiento y anunció que estaban cerca de la tienda. El vehículo en el que iban deliberadamente pasó por el lugar para probar a Parmod, pero él reconoció la edificación y le dijo al conductor que se detuviera. Entró a la casa en que había experimentado su anterior vida, y mostró reverencia a la habitación que previamente había reservado para sus devociones diarias. Reconoció a su esposa, padres, hermanos, y a todos sus hijos excepto al mayor. Sin embargo, este último tenía trece años cuando Paramanand murió, y había cambiado enormemente desde los seis años que hacía que habían dejado de verse. Parmod recordó alegremente incidentes de la familia y su vida juntos.

Durante los dos días que estuvo en Maradabad, Parmod efectivamente probó que era la reencarnación de Paramanand, reconociendo diferentes lugares y personas que había conocido en su vida pasada. Pudo señalar la edificación que había sido una sucursal de Mohan Brothers. También explicó cómo hacer agua aireada, y sabía por qué la máquina no funcionaba; la habían alterado deliberadamente para probarlo.[14]

---

14 Mi relato sobre la vida de Parmod está tomado de varias fuentes publicadas: Atreya, *Introduction to Parapsychology*, 116-21; Story, *The Case for Rebirth*, 25-31; Stevenson, *Twenty Cases Suggestive of Reincarnation*, 109-27; Stemman, *Reincarnation*, 82-83.

Los niños a menudo muestran una aptitud o talento específico a una edad muy temprana. Lo más probable es que sea el resultado de experiencias en vidas pasadas. Su rica imaginación también puede indicar recuerdos de anteriores encarnaciones.

Un problema que tienen las personas con las regresiones a vidas pasadas es que rara vez se pueden verificar. Alguien puede contar una maravillosa historia llena de increíbles detalles que pueden pertenecer a una existencia anterior. Sin embargo, persiste la duda de que tal vez de algún modo adquirió la información en esta vida, quizás leyendo un libro o viendo una película. Este problema no existe cuando son niños pequeños quienes recuerdan cosas de sus vidas pasadas, ya que no hay posibilidad de que hayan adquirido esa información de otra manera.

En Occidente, se dice que los niños que recuerdan vidas pasadas inventan sus historias o desarrollan un juego imaginario. A medida que estos niños crecen, sus recuerdos se disipan hasta perderse completamente.

¿Es peligroso?

No hay peligro al llevar a cabo una regresión usando las técnicas de este libro. No obstante, hay otros métodos que son potencialmente peligrosos. En la década de los setenta muchas personas exploraron sus vidas pasadas con la ayuda de diversas drogas. No es sorprendente que algunas tuvieran experiencias desagradables. No hay necesidad de estimulantes artificiales para explorar satisfactoriamente nuestras anteriores existencias.

También hay métodos de regresión en los que se usa el trabajo corporal. En este caso, alguien toca varias partes del cuerpo de una persona para ver qué respuestas se crean. Cuando se toca el punto correcto, el individuo regresa a una vida pasada. Éste es un método efectivo que he usado muchas veces, pero no lo he incluido aquí por dos razones. He oído historias de personas que se aprovechan de otras durante el proceso. Obviamente, debes confiar en quien te está tocando. La otra desventaja es que uno no puede usar este método solo. Ninguna de las técnicas explicadas en este libro requiere un compañero.

Hay algo más que debe ser considerado. Conocer nuestras vidas pasadas también nos hace conscientes del karma creado en ellas. Este conocimiento puede ser difícil de manejar para algunas personas. La mayoría de nosotros luchamos con el karma creado por nuestra vida actual sin tener que preocuparnos por el karma originado en existencias anteriores. Por consiguiente, es mejor que no realices una regresión a menos que estés seguro de que podrás manejar lo que surja en el proceso.

En la práctica he encontrado que la mayoría de las personas no tiene dificultad para regresar a sus vidas pasadas. Sin embargo, hay quienes ensayan todos los métodos y no pueden abrir la puerta a sus anteriores encarnaciones. Creo que esto es deliberado; se les impide recordar sus vidas pasadas hasta que estén listos para recibir la información.

¿Por qué explorar las vidas pasadas?

La gente a menudo me pregunta por qué alguien desearía explorar sus vidas pasadas. Mi respuesta suele ser que una regresión puede proporcionar datos valiosos de por qué una persona actúa o se comporta de cierta forma en su vida actual. Una regresión puede a menudo ofrecer información sobre el propósito de la persona en esta vida. Puede explicar las razones que hay detrás de los problemas y dificultades que tiene el individuo en la actual existencia y da indicaciones del karma que se debe pagar. Cuando las personas saben por qué actúan y reaccionan de cierta forma, logran mucho más control sobre sus vidas.

La terapia de vidas pasadas también es una forma de curación muy valiosa, pues nos permite tratar las causas subyacentes de un problema en lugar de centrarnos en el manejo de los síntomas. Los recuerdos de nuestras vidas pasadas están impresos en el ADN de cada uno de los más de diez trillones de células que conforman el cuerpo humano.[15] Cuando utilizamos técnicas curativas de regresiones a vidas pasadas, podemos curar la «enfermedad» que puede haber existido durante muchas existencias anteriores.

La culpabilidad juega un papel importante en las vidas de muchas personas. La ira, la pena y el miedo reprimidos crean sentimientos de culpa. La terapia de regresión puede ayudar a que estas personas se liberen de la culpa que fue creada en pasadas encarnaciones.

Muchas personas deciden llevar a cabo una regresión cuando están en momentos de crisis. Cuando todo parece ir mal en sus vidas, un gran número de personas busca una solución en sus vidas pasadas. Sin reparar en lo que se descubre, estas regresiones siempre son beneficiosas.

Una señora acudió a mí poco después de que su compañero la hubiera dejado.

—Siempre he sido celosa –me dijo–. No sé por qué. Siempre termino perdiendo a las personas que más amo.

Ella regresó a una vida en el siglo XIX en Jamaica. Era la consentida hija mayor de unos ricos propietarios de plantaciones y siempre recibía lo que deseaba. Se enamoró de un hombre joven, pero desafortunadamente él quería a otra mujer. Lo intentó todo para alejarlo de su amada, pero nada funcionó. En un ataque de celos le pagó a alguien para que envenenara a su rival. Cuando el joven hombre supo que la mujer que amaba había muerto, se quitó la vida ahorcándose.

Después de esta regresión mi paciente buscó tratamiento adicional. Aunque su compañero no regresó junto a ella, está

---

15   Gerard, DNA Healing Techniques, 17.

saliendo adelante exitosamente en su vida, y me dice que sus problemas de celos aparecen sólo ocasionalmente.

Posiblemente, lo más importante que puede obtenerse de una regresión a vidas pasadas es el perdón, para uno mismo y para los demás. Puedes perdonar a las personas que te hicieron daño en vidas anteriores, y también puedes perdonarte a ti mismo por las cosas que les hiciste a ellas. Esto crea una aceptación incondicional de tu vida y de la de los demás. Cuando se alcanza este estado, es maravilloso contemplar el progreso que le sigue.

Lograr una mayor paz mental también es uno de los grandes beneficios de aprender de las vidas pasadas. Muchas personas le temen a la muerte, y este miedo desaparece cuando se dan cuenta que ése no es el fin.

Otra ventaja de la regresión es descubrir talentos que no sabíamos que teníamos. Las habilidades que usábamos en vidas anteriores no se han perdido. Todavía son parte del ser y pueden desarrollarse aún más en esta vida una vez que seamos conscientes de ellas.

Sin embargo, muchos deciden realizar una regresión para averiguar si están cumpliendo el verdadero propósito de sus actuales existencias. Muchas personas no se sienten realizadas y quieren averiguar lo que deberían estar haciendo con sus vidas. En este caso, una regresión puede ser muy útil y prueba que nuestro potencial es infinito.

La mayoría de mis pacientes ha expresado una creencia en la reencarnación, pero algunos siguen siendo escépticos, incluso después de experimentar una regresión. Sin embargo, a pesar de sus puntos de vista al respecto, a todos les ha ayudado de alguna forma el ser expuestos a una de sus muchas vidas pasadas. Ya sea tu interés serio o casual, encontrarás los experimentos del siguiente capítulo interesantes y beneficiosos para esta vida.

¿Todos hemos tenido vidas pasadas?

Todavía no me ha ocurrido que alguien acuda a mí para una regresión y no tenga ninguna vida pasada. En realidad, la mayoría de las personas parecen tener un ilimitado número para escoger.

Uno de mis pacientes que me visita con frecuencia es carpintero. Durante un período de casi veinte años hemos explorado sus vidas anteriores. A veces, cuando viene a verme, quiere examinar una vida en particular que ya hemos escudriñado detalladamente. En otras ocasiones desea observar una vida pasada que no conoce bien. Algunas veces lo deja al azar.

Un factor común en sus muchas vidas anteriores es que siempre ha tenido talento con sus manos. Parece haber tenido la misma cantidad de vidas como mujer y como hombre, y en todas ha utilizado su destreza. En sus encarnaciones masculinas ha sido constructor, fabricante de muebles, granjero, mecánico, etc. En sus encarnaciones femeninas ha sido cocinera, enfermera, asistenta y pastora.

Encuentro fascinante el hilo de espíritu práctico que une todas sus vidas, ya que mis propias existencias anteriores han sido completamente opuestas. Básicamente soy soñador, y en la mayoría de mis vidas he sido monje, predicador, músico, escritor o maestro.

Desafortunadamente, muchas de las personas interesadas acuden a mí por curiosidad y no siguen explorando sus múltiples vidas, como lo ha hecho el carpintero que mencioné. Por lo tanto, no sé si la mayoría de las personas tiene un hilo común que corre a través de sus diferentes encarnaciones. Éste es un interesante campo de investigación.

Sin embargo, sé que tú has experimentado muchas vidas pasadas. Has estado aquí muchas veces antes, y regresarás de nuevo en el futuro.

¿Qué es el *déjà vu*?

Prácticamente todos hemos experimentado el *déjà vu* en alguna ocasión. Esta expresión francesa significa «ya visto». Es la sensación de que uno ha estado en un lugar o experimentado algo antes, sabiendo que no ha sido así. La reencarnación es sólo una de las muchas explicaciones posibles para este fenómeno. Otras sugerencias incluyen haber visualizado antes la escena en televisión, ver una escena similar pero no idéntica, o incluso soñar el evento antes de que suceda.

No obstante, a veces el *déjà vu* nos conduce al recuerdo espontáneo de una vida anterior. Esto puede ser sorprendente para personas que previamente no han pensado en el asunto.

Una señora que conozco lo experimentó una noche en casa. Había cortado limones para poner en las bebidas que preparó para ella y su esposo, y luego se sentó en la terraza frente a su vivienda para ver la puesta del sol. Cuando se llevó el vaso a la boca, olió el limón en sus dedos e instantáneamente se trasportó a una vida anterior en la Italia renacentista, donde estaba posando para una pintura en un gran jardín.

—Estoy segura de que había toronjil en el jardín —me dijo—. Pero el olor a limón repentinamente me trajo de regreso. No tengo idea de por qué sucedió en ese momento particular, ya que toda mi vida he conocido el aroma del limón. De cualquier modo, me sentí muy feliz. Estaba enamorada de Aroldo, para quien posaba, y sentí una alegría tan grande que pensé que mi corazón estallaría —sonrió—. Nunca he experimentado algo como eso en esta vida.

El doctor Frederick Lenz es un psicólogo que ha estudiado recuerdos espontáneos de vidas pasadas. Describe sus descubrimientos en su libro *Lifetimes*. Lenz descubrió que la mayoría de estos recuerdos espontáneos regresaban como sueños, como una visión mientras la persona estaba meditando, o como experiencias de *déjà vu*. También descubrió que inmediatamente antes de un recuerdo espontáneo de vida pasada, estas personas se sentían más livianas y frente a sus ojos aparecían colores brillantes. Experimentaban una eufórica sensación de bienestar y la habitación parecía vibrar. Luego se trasportaban repentinamente a una vida anterior por unos momentos. A menudo parecían un poco aturdidas una vez que terminaba la experiencia.

¿Puedo probar que realmente tuve una vida pasada?

Desafortunadamente, esto no es posible en la mayoría de los casos. Casi todas las personas tuvieron vidas corrientes en el período de tiempo en que existieron. Pocos tuvieron la oportunidad de recibir educación y viajar. Por lo tanto, sus vidas trascurrieron en una pequeña área cerca a sus casas. Pueden incluso no haber conocido el nombre de la aldea o el pueblo más cercano. Es improbable que supieran el año en que nacieron, o el nombre de la región en que vivieron. Incluso pueden no haber conocido su propio apellido. Naturalmente, es imposible probar o refutar estas historias.

Recientemente regresé a una joven a la Europa medieval. Ella era un hombre en esa vida y trabajaba como panadero. Era ambicioso, trabajaba duro, y finalmente tuvo su propio negocio. Fue increíble la cantidad de detalles que surgieron acerca de hornear pan. Sin embargo, él era analfabeto y no tenía idea de la fecha ni el nombre del pueblo en que vivía. Obviamente, sería muy difícil averiguar más acerca de este individuo, pues él mismo sabía poco.

En otras ocasiones pueden emerger muchos detalles buenos pero no pueden ser probados debido a la ausencia de registros históricos. Jess Stearn exploró uno de estos casos en su libro *The Search for the Girl with the Blue Eyes*. Esta joven de ojos azules vivió en el área rural de Canadá a finales del siglo XIX.

Nunca estuvo lejos de su hogar, conocía a pocos vecinos, y vivió en una época en que los registros de nacimiento, muerte y matrimonio eran escasos o inexistentes. Aunque la historia es muy convincente y contiene grandes detalles, no prueba la realidad de la reencarnación.

Otro ejemplo estudiado exhaustivamente es el de George Field, un joven de quince años que regresó a una vida como granjero durante la guerra civil norteamericana. Cuando rehusó vender sus patatas a soldados yanquis por unos pocos centavos, le dispararon en el estómago y murió. La regresión fue conducida por Loring G. Williams, quien posteriormente escribió un relato sobre ello para la revista *Fate*. Después de la publicación del artículo salió a la luz más información, la cual se incluyó en *You Will Live Again*, el fascinante libro de Brad Steiger.[16] Williams viajó a Jefferson, Carolina del Norte, con George Field, en busca de verificación. George Field, o Jonathan Powell, su nombre en esta vida pasada, pudo suministrar mucha información sobre las personas que vivían en el área en ese momento. Sin embargo, aunque se pudo verificar una gran cantidad de datos, esto tampoco probó concluyentemente la realidad de las regresiones a vidas anteriores.

De vez en cuando es posible regresar a alguien a una vida pasada donde se puede investigar además en libros de historia. En una ocasión regresé a un hombre a una vida en la cual era el tenedor de libros de Oliver Cromwell. Examinando los libros de historia encontramos que alguien del mismo nombre fue efectivamente tenedor de libros de Cromwell. Él recordó esta vida detalladamente, e incluso empleó términos que no son conocidos actualmente. Por consiguiente, es posible, incluso muy probable, que mi paciente fuese esta persona en una existencia anterior.

---

16   Steiger, *You Will Live Again*, 33-48.

Desafortunadamente, es imposible probar que ése era el caso. Los escépticos dicen con razón que mi paciente pudo haber extraído dicha información de un libro que leyó hace mucho tiempo. Puede haber escuchado un programa de radio o haber visto una película en televisión donde se mostraba ese personaje. Por lo tanto, es imposible probar que fue esa persona en una vida pasada. Sin embargo, él cree que sí lo fue, y este conocimiento le ha sido ayudado. Y en el análisis final eso es todo lo que importa.

¿Tengo un alma gemela?

Un alma gemela es alguien con quien has tenido un poderoso vínculo a través de muchas encarnaciones. La mayoría de las personas consideran que una relación de almas gemelas es un fuerte lazo de amor de una pareja que ha perdurado durante cientos e incluso miles de años. Esto frecuentemente ocurre, y siempre es emocionante para la gente encontrar que la persona que adoran en esta vida fue su ser amado en anteriores encarnaciones.

Las relaciones de almas gemelas también pueden incluir importantes uniones que no tienen nada que ver con el amor y el romance. Por ejemplo, alguien que sea tu mentor en esta vida puede haber sido tu maestro o tu discípulo en varias vidas pasadas. Ésta se puede considerar una relación de almas gemelas porque es fuerte, importante y vital para tu progreso, aunque sea platónica. Por consiguiente, otro beneficio de regresar a vidas anteriores es que nos permite determinar exactamente quién es nuestra alma gemela.

2

PREPÁRATE

Me encuentro en un sitio que no he visitado antes y sin embargo me es perfectamente familiar; sé que fue una situación en la que una vez tomé parte y estoy a punto de experimentar nuevamente.
JOHN BUCHAN *(1875-1940)*

Creo que todos podemos descubrir recuerdos de vidas pasadas si lo deseamos. Desafortunadamente, en mi práctica he encontrado que a muchas personas les resulta difícil relajarse y permitirse revivir una encarnación anterior. Éste puede ser el caso incluso si quieren regresar a sus vidas pasadas por una razón específica.

Hay muchas razones para ello; la principal es el miedo a perder control. Este temor puede ser consciente o inconsciente. Muchos se relajan lo suficiente para profundizar en sus recuerdos perdidos, sólo para fallar en el último momento.

Otro miedo común es que la persona pueda descubrir algo que la aterrorice o increíblemente trágico en una vida anterior. Afortunadamente, una regresión se puede finalizar en cualquier momento y la persona regresa sin problemas al presente. En mi trabajo con regresiones siempre digo a mis pacientes que experimentarán sus anteriores existencias con cierta libertad. Pueden acercarse o dar un paso atrás en cualquier momento.

Algunos son escépticos sobre el proceso y no permiten que suceda. Si mantienen esa actitud de incredulidad es imposible que regresen a una vida pasada; pero si suspenden temporalmente su escepticismo, pueden sorprenderse de los resultados.

En este libro trataremos una docena de métodos diferentes de regresar a vidas anteriores. Puedes leer todo el libro y luego experimentar con los métodos que más te gusten. Creo que es buena idea tener varios para escoger.

Todos pensamos y actuamos de forma diferente. Un método que rápida y fácilmente me lleva a mí de regreso a una vida anterior puede no ser tan efectivo para ti, y otro tal vez te funcione mejor que a mí. Además, diferentes procedimientos parecen funcionar mejor en distintos momentos. Lee este libro, elige un método que te guste, y practícalo. Podrías descubrir que es muy efectivo, y en ese caso puedes decidir no ensayar otros. Sin embargo, podrías hacer lo mismo que yo y escoger diferentes procedimientos dependiendo de cómo te sientas en un momento dado.

Sin importar qué método escojas, diviértete con él. Puede parecerte extraño, pero experimentarás mejores resultados si conduces tu regresión con alegría. Sé serio respecto a tu necesidad de aprender de tus vidas pasadas, pero disfruta el proceso de descubrirlas. Como con muchas otras cosas en el mundo psíquico, la mera determinación hace casi imposible alcanzar el éxito.

Posiblemente descubrirás incidentes desagradables en tus vidas anteriores. Muchos te habrán causado dolor. Igualmente, tú habrás perjudicado a otros en diferentes tiempos. Debes tener en cuenta que la persona que recibió y causó daño no es la misma que existe ahora. Si robaste, violaste o mataste en tus vidas pasadas, no significa que actualmente seas un individuo detestable. Al regresar a vidas anteriores tienes la oportunidad de perdonar a los demás por lo que te hicieron. Tendrás una enorme satisfacción al hacerlo.

No es necesario que creas en la reencarnación para que estos experimentos funcionen. Sin embargo, debes tener una mente abierta y tomar con seriedad lo que vas a hacer. No tendrás éxito si tratas el asunto como una broma.

Asegúrate de que la habitación en que vas a conducir la regresión sea cálida y que no te interrumpirán en el proceso. Tal vez sientas que acostarte en la cama de noche sea el mejor lugar para regresar a una vida anterior. En la práctica, éste no es normalmente el caso. La mayoría de las personas que tratan de hacerlo –y me incluyo– simplemente se quedan dormidas. He descubierto que una silla reclinable en una cálida habitación es el lugar ideal.

Muchos prefieren escuchar música que induzca meditar durante las regresiones. Asegúrate de que dicha música no tenga tonos reconocibles, ya que es un instrumento de ayuda y no de distracción. Yo prefiero una habitación en silencio; sin embargo, un fondo musical puede eliminar sonidos que pueden distraer. Escucha música si crees que te ayudará a relajarte.

Es mejor no tener expectativas al comenzar. Tal vez estés convencido de que tuviste una vida en la Barcelona medieval y pidas ser llevado ahí. Pero el experimento está destinado al fracaso si en realidad nunca has vivido en dicho lugar en ninguna de tus muchas existencias.

Algunas personas están convencidas de que fueron famosas en el pasado. He conducido regresiones para cientos de pacientes y aún no he encontrado la reencarnación de Enrique VIII o Cleopatra. Me encantaría encontrar a estas personas, pero nunca ha sucedido. Lo más probable es que fueses un individuo corriente en tu vida anterior. Siempre me causa sospecha cuando alguien me dice que cree haber sido Napoleón o algún otro personaje famoso de la historia. Aunque parecen creerlo de verdad, es más probable que simplemente estén reforzando su autoestima en esta vida.

Cuando hayas experimentado y explorado una de tus vidas anteriores, examina otras; te dará una perspectiva del propósito de tu alma. Cada vida adicional se suma al marco general y suministra más discernimientos en la existencia que estás experimentando.

Después de regresar dos o tres veces, podrás pensar que simplemente estás imaginando tus vidas pasadas. Muchas personas lo creen así. No es sorprendente, pues tus primeras regresiones probablemente contienen varios recuerdos desconectados que pueden parecer puras fantasías. Sin embargo, a medida que practiques los diferentes métodos y tengas más confianza en tu capacidad para regresar a existencias anteriores, emergerán detalles cada vez más valiosos.

Después de cada regresión piensa en la experiencia antes de retornar a tu vida cotidiana. Observa qué lecciones tenías que aprender, qué factores kármicos estuvieron involucrados. En particular, si el karma aún te está afectando en la vida actual. Observa qué habilidades y talentos tenías en esa vida pasada. Perdónate a ti mismo por tus indiscreciones pasadas. Perdona a los demás por lo que te hicieron. Ten en cuenta que sin importar cómo eras en esa existencia anterior, lo hiciste lo mejor que pudiste. Recuerda que no eres la misma persona que eras en esa vida. Por lo tanto, no debes sentirte culpable ni recriminarte nada. Finalmente, cuando te sientas listo, estira el cuerpo y levántate.

Toma notas de tus experiencias lo más pronto posible después de la regresión. Estas notas con el tiempo serán cada vez más valiosas.

Sé cuidadoso cuando hables con los demás sobre tus experiencias de vidas pasadas, al menos en las primeras etapas. Algunos no entenderán lo que estás haciendo y pueden incluso pensar que has caído en las garras de fuerzas satánicas. Yo lo he experimentado, y he perdido amigos a causa de mis exploraciones en el mundo psíquico. Todos somos diferentes y estamos en distintas etapas de desarrollo. Sé amable y comprensivo cuando otras personas traten de desmotivarte. Responde a las preguntas que te hagan, pero no intentes imponer por la fuerza tus ideas a nadie.

La mayoría de las personas exploran a solas su interés por las regresiones, y este libro fue escrito pensando en un practicante individual. Sin embargo, hay muchos beneficios cuando se trabaja con un compañero de ideas semejantes. Un compañero comprensivo puede guiarte a través de tu regresión y hacer que toda la experiencia sea más agradable y fácil. Otra ventaja es que después podréis discutir las experiencias juntos.

3

EL KARMA

Para cada acción hay una reacción igual y opuesta.
Sir Isaac Newton *(1642-1727)*

Karma es una palabra sánscrita que se deriva del verbo *kri*, que significa «hacer» o «activar». Por consiguiente, *karma* significa «acto o actividad». El karma describe la ley universal de causa y efecto. Todo lo que pensamos, decimos o hacemos crea una reacción o tiene un efecto. En otras palabras, cosechamos lo que sembramos.

Esto se debe a que el universo es moral, y al final cada acción, buena o mala, recibirá su debida compensación. Si haces algo malo hoy, finalmente recibirás la consecuencia correspondiente. Tal vez no suceda en esta vida, pero siempre tendrás que pagar por lo que hiciste. Igualmente, una acción buena hecha hoy será retribuida en el futuro. Las acciones buenas y la bondad mostrada a los demás en el presente pueden ayudar a equilibrar el karma negativo creado en el pasado. Por consiguiente, aunque la mayoría de las personas parece asociar el karma con el pago por malas acciones, en realidad hay karma bueno y malo.

Algunos relacionan el karma con la predestinación. Éste no es el caso. No tiene nada que ver con el destino; no es un proceso de retribución o castigo. El karma es un proceso en el cual cada acción tiene una cierta consecuencia. Si te enfrentas a una elección moral y tomas la decisión correcta, ganarás karma bueno. Si decides hacer lo que no es correcto, al final tendrás que pagar el precio. Es tan simple como eso. He dado muchas charlas en prisiones y he encontrado numerosos individuos que están pagando el precio por haber tomado la decisión equivocada. Sin embargo, éstos son sólo los individuos que fueron capturados. Muchos criminales parecen salirse con la suya eligiendo incorrectamente; al menos eso es lo que parece. Pero tarde o temprano, en esta vida o la siguiente, indudablemente pagarán por lo que hicieron.

El concepto de karma puede parecer como un proceso de premio y castigo. Pero en realidad es mucho más que eso. Nos da oportunidades para crecer. La vida que tienes ahora es el resultado directo de todo lo que has hecho en existencias anteriores. En esta vida se te presentarán desafíos, dificultades y oportunidades. La manera en que manejes estas experiencias determinará cómo será tu siguiente vida. Nadie recibe más de lo que puede manejar.

En el libro *Karma and Rebirth*, su autor, Christmas Humphreys, describió el karma de esta manera: «El hombre es castigado por sus mismos pecados, no a causa de ellos. El karma no premia ni castiga, sólo restaura la armonía perdida. El que sufre merece su sufrimiento, y el que tiene razón para regocijarse está cosechando donde ha sembrado».[17]

Las personas conscientes del concepto de karma están en una posición mucho mejor para avanzar positivamente que quienes no saben nada de esta ley y conducen sus vidas de ma-

---

17 Humphreys, *Karma and Rebirth*, 38.

nera fortuita y no dirigida. Aún más importante es el hecho de que quienes buscan manejar su karma activamente parecen recibir protección y ayuda de fuerzas divinas. Esto se debe a que están actuando de acuerdo a la voluntad de Dios en lugar de luchar contra ella. Con esto no se liberan de sus deudas kármicas, pero sí se fortalecen y pueden avanzar de una manera más positiva y dirigida.

Una de las más poderosas formas para liberar el karma es perdonarse a sí mismo y a los demás. Si alguien te perjudica pero tú eres compasivo y lo perdonas sin reservas, acumularás karma bueno. Es interesante observar que si perdonas a los demás también envías mensajes al universo que estimulan a dichas personas para que te perdonen a ti. Todos cometemos errores a lo largo de la vida, y es importante que nos perdonemos a nosotros mismos.

Hay muchas referencias al karma en la Biblia. En Job 4, 8 leemos, «Como yo he visto, los que aran iniquidad, y siembran injuria, siegan lo mismo». En el libro de la Revelación 2, 23 dice, «...y os daré a cada uno según vuestras obras». La más famosa referencia es encontrada en Gálatas 6, 7: «Dios no puede ser burlado, pues todo lo que el hombre sembrare, eso también segará». Jesús hizo una referencia indirecta al karma creado por el pensamiento en el sermón del monte: «Oísteis que fue dicho: no cometerás adulterio. Pero yo os digo que cualquiera que mira a una mujer para codiciarla, ya adulteró con ella en su corazón» (Mateo 5, 27-28).[18]

---

18 Las citas mostradas son de la versión del rey Jacobo. Otras referencias al karma en la Biblia incluyen: Génesis 9, 6; Deuteronomio 24, 12; Oseas 10, 13; Salmos 9, 16; Salmos 62, 12; Proverbios 24, 12; Jeremías 17, 10; Jeremías 32, 19; Ezequiel 18, 20; Ezequiel 18, 30; Mateo 5, 18; Mateo 7, 1-2; Mateo 7, 12; Mateo 7, 17; Mateo 16, 27; Lucas 16, 17; Romanos 2, 6; Romanos 2, 9-13; Romanos 14, 12; Corintios 5, 10; Pedro 1, 17; Revelación 20, 12; Revelación 22, 12.

Durante los últimos veinte años se ha investigado mucho sobre experiencias cercanas a la muerte. Uno de los más asombrosos descubrimientos es que los testimonios aportados por la mayoría de las personas respecto a su regreso a la vida, son prácticamente idénticos a los registrados en el *Tibetan Book of the Dead* (Libro tibetano de los muertos). Esto parece indicar que dichas personas estuvieron brevemente en el bardo, el estado de conciencia que experimentamos entre vidas. El doctor Joel Whitton, un neuropsiquiatra de Toronto, fue uno de los primeros en investigar este campo, y descubrió que muchas personas resuelven una especie de «guión kármico» mientras esperan renacer. Estando en el bardo escogen el tipo de carrera que emprenderán en su siguiente vida, el tipo de pareja matrimonial que tendrán, los padres, etc.[19] Esto les permite preparar experiencias para trabajar el karma de vidas anteriores. Por supuesto, si tienen o no éxito en esta existencia es un asunto diferente.

Nuestros motivos juegan un papel importante en el karma. Por ejemplo, si una persona rica construye un hospital como regalo para la comunidad, incuestionablemente ganará beneficio kármico por su generosidad. Sin embargo, el grado de beneficio está determinado por sus motivos. Si la construcción se dona con el deseo de ayudar a los demás, las recompensas kármicas serán grandes. Si la persona da el regalo por otros motivos, tales como reforzar su ego o mejorar sus aspiraciones políticas, los beneficios serán mucho menores.

Hay un estado de equilibrio en el universo, y cualquier cosa que hagamos, tarde o temprano restaurará ese estado. Hace más de cien años Ralph Waldo Emerson expresó muy bien este concepto cuando escribió, «Si amas y sirves a los hom-

---

19 Fisher, *The Case for Reincarnation,* 128-33. *Véase también* Whitton y Fisher, *Life Between Life.*

bres, no puedes de ningún modo escapar a la remuneración. Las retribuciones secretas siempre están restaurando el nivel de la justicia divina cuando es alterado. Es imposible romper el equilibrio. Todos los tiranos, propietarios y monopolistas del mundo en vano se esforzarán para inclinar la balanza, es imposible hacerlo».[20]

Carl Jung no concluyó si el karma que llevaba provenía solamente de esta vida o de todas sus existencias pasadas. Sin embargo, enfocó correctamente el asunto. En su autobiografía escribió, «Cuando muera, mis acciones seguirán conmigo –eso es lo que creo–. Me llevaré lo que he hecho. Mientras tanto, es importante asegurar que no llegaré al final con las manos vacías».[21] En otras palabras, todos debemos hacerlo lo mejor que podamos en esta vida.

El karma es una de las más antiguas doctrinas en el mundo. El hecho de que aún sea aceptado por más de la mitad de la población mundial se debe a su básica justicia imparcial. Cosechamos lo que sembramos.

---

20 Emerson, *Lectures and Biographical Sketches*, 121.
21 Jung, *Memories, Dreams, Reflections*, 294.

4

SOÑAR CON
LAS VIDAS PASADAS

Todo lo que vemos o parecemos es sólo un sueño
dentro de un sueño.
Edgar Allan Poe (1809-1849)

Mis estudiantes me miran horrorizados cada vez que sugiero que pueden recapturar y revivir sus vidas pasadas en los sueños. «Si recordamos nuestros sueños –dicen–, ¿cómo podemos recordar las vidas anteriores soñando con ellas?». Afortunadamente, tú puedes recordar tus sueños, y también dirigirlos para que revelen información acerca de tus existencias pasadas.

Los sueños son los pensamientos, sensaciones, imágenes y emociones que pasan a través de nuestra mente mientras estamos dormidos. Son parte de un estado alterado de conciencia al cual entramos cada noche. Cerca del 20 por 100 del tiempo que dormimos lo dedicamos al estado de sueño. Para la mayoría de las personas se trata de aproximadamente hora y media por noche.[22]

---

22 Tart, prólogo de *Control Your Dreams*, VII.

Soñar es una parte esencial de nuestra vida. Tenemos de cuatro a siete sueños por noche. Como promedio pasamos de seis a siete años de la vida soñando. De hecho, si no soñáramos enfermaríamos. Hay investigaciones que han demostrado que quienes sufren depresión tienen menos sueños. Cuando estos sujetos empiezan a soñar más, lo cual se observa en un movimiento rápido de los ojos, es una señal de que nuevamente están bien.[23]

Los sueños han fascinado a la humanidad desde sus inicios. Los estudios en este campo también son antiguos. El primer libro serio sobre el tema fue el del marqués d'Hervey de Saint-Denys, quien trató de influenciar sus propios sueños. Incluso escuchaba música durante la noche en un intento de estimular ciertos tipos de sueños. Su libro *Dreams and How to Guide Them* apareció en 1867.[24] Desafortunadamente, no tuvo una amplia difusión. Incluso Sigmund Freud nunca pudo localizar una copia.

Un avance significativo ocurrió en 1953, cuando varias investigaciones descubrieron que el movimiento rápido de los ojos de una persona dormida indica que está soñando. En los primeros experimentos se descubrió que veinte de cada veintisiete individuos informaban de que habían tenido sueños vívidos al ser despertados mientras ocurría el movimiento rápido de los ojos. Sin embargo, sólo cuatro de cada veintitrés recordaban sus sueños al ser despertados en un momento en que no hacían dicho movimiento ocular.

Desde entonces se han desarrollado miles de experimentos. Una media del 80 por 100 de las personas despertadas durante el período de MRO (movimiento rápido de los ojos), informaban de que habían tenido sueños muy vivos. Quienes desper-

---

23 Armitage, Rochlen, y Finch, «Dream Recall and Major Depression», 8-14. Citado en Moss, *Conscious Dreaming*, 35.
24 *The New Encyclopaedia Britannica: Macropaedia, Knowledge in Depth*, 15.ª ed., *s. v.* «Dreams».

taban en otros momentos también tenían sueños entre el 30 y el 50 por 100 de las veces, pero éstos no eran tan vívidos y parecían pensamientos.

Cuando despiertas normalmente después de dormir, es muy probable que tengas el vago recuerdo de un sueño. Sin embargo, una vez que te levantas y empieza el día, este recuerdo desaparece rápidamente.

Un diario de sueños es una herramienta útil para registrar las experiencias oníricas. Si es posible, permanece en la cama unos minutos después de despertar y piensa en el sueño. Muévete lo menos posible. Por alguna razón desconocida, el recuerdo del sueño parece ser más fácil si se piensa en él estando en la misma posición en la que estábamos cuando el sueño ocurría. Haciéndolo, te llegará cada vez más información mientras gradualmente recuerdas el sueño. No trates de forzar vagas impresiones para hacerlas más claras. Presta atención a los elementos que puedas recordar y observa qué otra cosa aparece.

Luego, cuando te sientas listo, registra todo lo que puedas recordar. Yo uso un diario de sueños que mantengo junto a la cama. Tal vez prefieras grabar tus impresiones en casete, o incluso hacer un dibujo de tus recuerdos. No es importante qué método utilices, siempre y cuando te sea fácil de usar y útil cuando estés revisando tus sueños en una fecha posterior.

Muchos de mis estudiantes han encontrado conveniente escribir unas pocas palabras o frases. Esto ayuda a clarificar el sueño en sus mentes, haciendo más fácil escribir el sueño completo.

Es importante escribir todo lo que puedas recordar. No elabores ni censures nada. Podrías sorprenderte de lo que puede surgir. No importa. Escríbelo exactamente como lo recuerdes. Muchas veces los sueños no están completos, pero gradualmente se manifiestan durante un período de tiempo. Si censuras detalles poco claros perderás información importante que puede aclararse posteriormente. Obviamente, debes mantener el diario de sueños en un lugar seguro, bajo llave si es necesario.

Nada de esto funcionará si te levantas con prisa y tienes que saltar de la cama para ir a trabajar. En este caso podrías programar tu despertador para que suene diez minutos antes de lo habitual. Esto te dará suficiente tiempo para pensar en tus sueños y ponerlos por escrito. Como alternativa, podrías concentrarte en recordar los sueños durante un fin de semana o en cualquier otro momento en que no necesites despertarte con un despertador.

Otro método es dictar tus sueños a alguien en quien confíes plenamente. Esto es lo que hacía Joan Grant, la famosa autora. Descubrió que muchos de sus sueños eran sobre su vida en anteriores encarnaciones. Se habituó a despertarse varias veces por la noche y escribir lo que soñaba. Cuanto más lo hacía, más complejos eran los sueños, y finalmente su marido los escribía por ella. Sin embargo, él se preocupó mucho cuando Joan decidió publicarlos, ya que no quería que nadie se enterara de la creencia en la reencarnación de su esposa. El primer libro de Joan Grant, *Winged Pharaoh*, apareció en 1937 y se convirtió en un superventas. No es sorprendente que también marcase el fin de su primer matrimonio. Aunque nadie lo supo en ese momento, *Winged Pharaoh* fue la historia de una de sus vidas pasadas. Al final escribió siete novelas históricas que realmente eran relatos de sus anteriores existencias.[25]

Hay otras cosas que puedes hacer para mejorar el recuerdo de tus sueños. Es más fácil que los recuerdes por la mañana si has tenido una buena noche. Si te acuestas muy tarde o inmediatamente después una comida copiosa, lo más probable es que no recuerdes lo soñado. Lo mismo se aplica si te vas a la cama después de excederte con el alcohol o las drogas. Es más posible que recuerdes tus sueños si te acuestas en un estado mental tranquilo y relajado.

---

25 La información sobre sueño con MRO proviene *de Many Lifetimes,* de Grant y Kelsey.

Mientras te duermes, dite a ti mismo que recordarás los sueños cuando despiertes. Algo tan simple como esto puede marcar una gran diferencia en el número de sueños que recordarás por la mañana. Esto se debe a que es mucho más probable recordar lo que es importante para nosotros que algo poco significativo. Si te tomas tus sueños en serio, tu capacidad para recordarlos mejorará rápidamente.

Todas las personas que conozco que lo intentaron han aumentado su capacidad para retener en la mente sus sueños. En lugar de recordar vagas impresiones que se disipan rápidamente, obtienen vívidos detalles y un panorama mucho más claro de lo que sucede. Esto no es sorprendente, ya que han tomado el rol activo y positivo de recordar sus sueños cuando despiertan.

Si te despiertas por la mañana y no te acuerdas de tus sueños, sigue acostado tranquilamente unos minutos con los ojos cerrados. Piensa en tu necesidad de recordar los sueños y observa como regresan a ti. A veces un sueño olvidado retornará a tu mente mientras yaces tranquilamente en cama esperando que surja de nuevo. Es importante permitir que esto suceda. Estarás destinado a fracasar si tratas de forzar un sueño en tu mente consciente. Los sueños son evasivos y no responden a la presión. Es maravilloso cuando uno de ellos retorna de esta manera, pero no te preocupes si no pasa nada. Simplemente levántate cuando estés listo. Confía en que recordarás tus sueños a la mañana siguiente.

Experiméntalo durante dos semanas antes de intentar un sueño que penetre en una de tus vidas pasadas. Encontrarás que es una experiencia valiosa, enriquecedora e infinitamente fascinante.

El fallecido D. Scott Rogo escribió un libro sobre vidas pasadas llamado *The Search for Yesterday: A Critical Examination of the Evidence for Reincarnation*. En el curso de su investigación, colocó anuncios en revistas esperando encontrar personas que hubieran experimentado recuerdos de vidas anteriores sin usar una técnica de regresión. Descubrió que en la mayoría de casos creíbles, estas personas revisitaban sus vidas pasadas mientras dormían.

Cuando adquieras la capacidad de recordar tus sueños, podrás empezar a tener experiencias oníricas que se relacionen con tus muchas existencias anteriores. Es más fácil de lo que te puedas imaginar.

Al acostarte, dite a ti mismo que esa noche tendrás un sueño de una de tus vidas pasadas y que lo recordarás al despertar. Piensa en tu deseo de recordar existencias anteriores, y luego dite de nuevo que tendrás un sueño de este tipo y que lo recordarás por la mañana.

Si tuviste éxito con el ejercicio de recordar los sueños, encontrarás diversas impresiones en tu mente cuando despiertes después de esta nueva experiencia. No trates de analizarlas inmediatamente. Déjalas que fluyan a tu mente consciente y formen una imagen o impresión. Si permaneces acostado tranquilamente y permites que este proceso continúe, llegarán a tu mente otros discernimientos de toda clase. Luego registra lo que puedas recordar lo más pronto posible.

Es probable que despiertes sin ningún recuerdo de los sueños que tuviste. Esto es improbable si te has vuelto un experto en recordarlos; sin embargo, puede suceder. No te preocupes si es así. Inténtalo de nuevo la noche siguiente, o las veces que sea necesario. Si sigues practicando con mente positiva, los recuerdos de tus vidas pasadas regresarán a ti.

Analizando los resultados

Pueden pasar varias noches antes de que tengas una idea concreta del significado de tus sueños. Por eso es importante que registres todo lo que puedas recordar, incluso si no parece ajustarse al resto de la información obtenida. A veces la misma información te será dada varias noches consecutivas. Un examen de ésta normalmente te proporcionará cada vez más detalles.

Hace algunos años estuve hablando en un programa de radio sobre sueños de reencarnación. Pocas semanas después una pareja que había ensayado la técnica con éxito se puso en contacto conmigo. Quedaron entusiasmados con los resultados, pero hubo algo que los desconcertó. Gladys, la esposa, conoció todo sobre su vida pasada en forma de un libro de cuentos, casi como si estuviera viendo una película. Por otro lado, Bill, su esposo, recibió imágenes de diferentes escenas que sólo tuvieron sentido varias noches después. Me dijeron que les parecía injusto que uno recibiera toda su vida pasada en un solo sueño mientras que al otro le llegaba por partes.

La respuesta es que todos tenemos diferente forma de pensar, y por consiguiente nuestros métodos para recordar también son distintos. Podía entender la frustración de Bill, ya que le necesitó varias noches para obtener la misma cantidad de información que Gladys en sólo una. El recuerdo de ella vino completamente formado, mientras Bill tuvo que organizar el suyo gradualmente. Sin embargo, a la larga no importa cuánto tiempo nos lleve recuperar recuerdos perdidos, siempre y cuando retornen a nosotros.

El recuerdo de Bill era interesante por varias razones. En la primera noche despertó temblando con la fuerte impresión de una bayoneta y un casco militar alemán. No tenía idea si él era un soldado o éste lo estaba atacando. Pensó que posiblemente fuera esto último, pues despertó atemorizado.

La mañana siguiente no suministró nuevas pistas. Recordó una tranquila escena doméstica. Él, su esposa y dos niños pequeños estaban disfrutando el desayuno en un patio que tenía vistas a un río ancho y de suave corriente. Había un gran castillo al otro lado del río. Bill pensó que debía de ser el río Rin.

En su sueño de la tercera noche, Bill se encontraba en un mostrador y las personas llegaban y lo maltrataban. Parecía no haber nada que pudiera hacer para detener lo sucedido, así que rompió a llorar. Creyó ver de nuevo la bayoneta, pero no estaba seguro.

En la cuarta noche se vio en un funeral. Su esposa e hija estaban paradas a su lado. Se dio cuenta de que se encontraba en el funeral de su hijo. Después del entierro, la familia se fue a casa y él se vio en un espejo. Estaba usando un uniforme militar y supo que era un oficial del Ejército alemán. A la mañana siguiente Bill despertó sin imágenes claras en su mente, pero con la conclusión de que su esposa en esa vida pasada era su hija en la actual.

El siguiente sueño trajo el recuerdo de una reunión táctica con el káiser Guillermo. Había otros oficiales en la sala, y Bill se dio cuenta de que tenía un rango superior en el Ejército alemán. Despertó con una horrible sensación de culpabilidad, pues sabía que habían perdido la guerra.

En la séptima mañana Bill despertó con el recuerdo claro de estar acostado en un hospital esperando morir. Su esposa y su hija ya adulta estaban sentadas junto a él. Su hija estaba en un estado avanzado de embarazo. Bill quería hablarles para decirles cuánto las quería, pero las palabras no fluían. Lloraba lágrimas de frustración que su esposa secaba tiernamente con un pañuelo. Acostado en la cama observándolas, sintió como la imagen se disipaba gradualmente. De repente, todo lo que podía ver era oscuridad, y se dio cuenta que había muerto.

Bill pudo poner en perspectiva estos diferentes recuerdos sólo después del sueño final.

—Yo era un hombre sensible y humanitario que odiaba la guerra, pero tuve éxito gracias a ella —me dijo—. Amaba la belleza, y estoy convencido de que fui un comerciante de obras de arte en esa vida. No quería luchar, pero me involucré en contra de mi voluntad. Tuve beneficios económicos porque los contactos que hice durante la guerra fueron después mis clientes. ¿Fue una vida feliz? Es difícil decirlo. Hubo momentos en que me sentía orgulloso y realizado, pero gran parte del tiempo me avergonzaba de lo que estaba haciendo.

Le pregunté si se sentía orgulloso y realizado en su vida.

—Realmente nunca lo había pensado antes —contestó—. Pero creo que la respuesta es sí. Tengo firmes valores morales, y no he hecho nada de lo que me avergüence. Recuerdo que en mi adolescencia me alejaba de mis amigos cuando estaban a punto de realizar una acción que yo consideraba mala. –Luego sonrió–. Quizás aprendí algo de esa vida pasada después de todo. Hice muchas cosas que no debía haber hecho. Podría justificar todo diciendo que eran tiempos de guerra y no tenía elección, ¿pero es ése realmente el caso?.

La vida pasada de Gladys fue mucho más simple. Ella era la única hija de una rica familia inglesa que vivía al sureste de Inglaterra en el siglo XVIII. Fue dada en matrimonio por sus padres al hijo mayor de los mejores amigos de ellos. El matrimonio estuvo lleno de felicidad y tuvieron siete hijos. Ella los sobrevivió a todos y se vio rodeada en su lecho de muerte por nietos que la amaban.

—Obviamente fue una vida feliz –me dijo–. Sin acontecimientos notables, incluso aburrida en ocasiones, pero siempre estuve rodeada de amor.

—¿Cómo lo trasladarías a esta vida?

Gladys miró a su esposo.

—Bill y yo lo hemos discutido bastante. Creo que en mi vida anterior fui egocéntrica y no pensaba en las personas menos afortunadas que yo. En la vida actual aún sigo siendo afortunada con mi familia y amigos, pero dedico gran parte de mi tiempo a trabajos humanitarios. –Apretó la mano de Bill–. Quizás demasiado tiempo.

Aunque Gladys y su esposo aprendieron de sus vidas pasadas de diferente forma, las encontraron útiles para responder preguntas de la vida actual. Ambos quisieron explorar más estas existencias anteriores. Hay dos formas de hacerlo usando los sueños. Una es continuar el camino que empezaron. Cuando te vayas a la cama por la noche debes decirte a ti mismo que volverás a esa vida pasada específica para aprender más de ella. El otro método es explorar tus vidas anteriores con sueño lúcido. (También hay un tercer método que se tratará posteriormente en este capítulo).

Sueño lúcido

Es un sueño en el cual la persona es consciente de que está soñando. La mayoría hemos experimentado la sensación de saber que estamos soñando, pero el sueño toma posesión y la mente consciente se vuelve a dormir. Sin embargo, en esta situación es posible deliberadamente permitir que la mente consciente dirija el sueño. Al tener control sobre él, podemos llevarlo a donde queramos.

Edgar Cayce experimentó un sueño extraordinariamente lúcido durante la I Guerra Mundial. Su esposa, Gertrude, dio a luz a su segundo hijo en 1910. Tristemente, el bebé vivió sólo dos meses. Años después Edgar soñó que se había encontrado y que había hablado con algunos de sus alumnos de escuela dominical que habían muerto durante la guerra. Estando en el sueño, Edgar pensó que si había podido ver a estos jóvenes soldados, aunque estuvieran muertos, debía de haber una forma para poder ver a su hijo. Instantáneamente apareció entre bebés sonriendo, de los cuales uno era su hijo. El sueño consoló al acongojado padre que luego pudo seguir adelante con su propia vida.[26] Éste es un notorio ejemplo de lo útil que puede ser el sueño lúcido.

Hay varias cosas que puedes hacer para aumentar la probabilidad de soñar lúcidamente.

Paso uno - Preparación

Antes de dormirte dite a ti mismo que experimentarás un sueño lúcido. Es importante que lo hagas de manera casual, casi de improviso. Puedes decir «Esta noche, mientras duermo, me daré cuenta que estoy soñando y soñaré con [lo que quieras experimentar]». Si insistes en que tendrás un sueño lúcido, lo más probable es que no tengas ninguno.

---

26 Langley, *Edgar Cayce on Reincarnation*, 75.

Decide una cierta acción que llevarás a cabo en el sueño. Puede ser cualquier cosa. Para empezar es mejor que sea algo simple. Después podrás elegir la visita a un amigo o pariente.

Paso dos - Entra en un sueño lúcido

Si te despiertas durante la noche y sientes que vas a dormirte de nuevo, dite a ti mismo que tendrás un sueño lúcido.

Si frecuentemente sueñas con un determinado objeto o evento, di que la próxima vez que ocurra, inmediatamente serás consciente de ello y podrás experimentar un sueño lúcido.

Tener un sueño de este tipo es una de las cosas más fascinantes que experimentarás. No hay límites, puedes ir donde quieras y hacer cualquier cosa. Por ejemplo, puedes avanzar y retroceder en el tiempo, visitar otros planetas, u observar parientes que vivan en otras partes del mundo. También puedes explorar tus vidas pasadas más detalladamente que con cualquier otro método.

Paso tres - Regresa a tu vida pasada

Una vez que seas consciente de que estás soñando lúcidamente, di que regresarás a una de tus existencias anteriores y observa dónde te lleva la experiencia. (Si estás familiarizado con algunas de tus encarnaciones previas, podrás regresar a una de ellas si lo deseas).

Puedes avanzar o retroceder en el tiempo en esta vida pasada como lo haces mentalmente en tu existencia actual. Mientras experimentas esta vida anterior, observa si puedes averiguar cuál fue tu principal propósito en ella. Date cuenta de lo que te hacía disfrutar, quién era importante para ti, lo que hacías para ganarte la vida, y cualquier otra cosa que se te ocurra.

La ventaja del sueño lúcido es que realmente puedes acercarte todo lo que desees a cualquier evento o experiencia. Si algo te parece doloroso o emotivo, puedes observarlo de lejos. Podrías incluso alejarte completamente. Igualmente, puedes aproximarte cada vez más a ocasiones alegres y experimentarlas de nuevo como lo hiciste la primera vez.

Paso cuatro - Regresa al presente

Siempre serás consciente de que estás soñando lúcidamente, y puedes regresar al presente cuando lo desees. Desafortunadamente, a veces te encontrarás de regreso en el presente mucho antes de estar listo para hacerlo. A menudo, si un evento parece doloroso, peligroso, demasiado emotivo o traumático, sentirás que eres llevado bruscamente hacia el presente. Es tu instinto de supervivencia que actúa para protegerte. A veces sucederá cuando menos lo esperes, lo cual puede ser molesto.

Permanece en calma cuando te ocurra. Sigue acostado tranquilamente y prueba si puedes retornar a tu vida pasada. Con frecuencia te sentirás regresando a tu sueño lúcido, y podrás seguir con la exploración. He descubierto que la mejor manera de hacerlo es pensar en el escenario de esa vida anterior. Pensando en las edificaciones, los árboles y otros objetos del entorno, a menudo penetro en el mismo sueño y puedo continuar donde me quedé.

Otras veces simplemente te volverás a dormir. No hay nada que puedas hacer. Disfruta la noche y confía en que recordarás tu sueño lúcido cuando despiertes.

Paso cinco - Registra tu sueño lúcido

Toma notas sobre la experiencia cuando despiertes por la mañana, y regresa a esa vida pasada la noche siguiente, así crearás gradualmente un registro completo de tus muchas existencias anteriores.

Soñar lúcidamente requiere práctica. Creo que cualquier persona puede aprender a hacerlo, pero incluso practicantes expertos encuentran difícil tener un sueño lúcido a solicitud. Afortunadamente, también existe el sueño consciente.

Sueño consciente

Es similar al lúcido, y con frecuencia se convierte en uno de esta clase. En este último te das cuenta de que estás soñando y luego procedes a dirigir la experiencia. En el sueño consciente te despiertas y diriges los pensamientos hacia tu propósito.

Ve a la cama a tu hora habitual, cierra los ojos y relájate. Es importante que no estés demasiado cansado ni hayas comido o bebido mucho. Piensa en tu deseo de explorar una de tus vidas pasadas. Deja que diferentes pensamientos fluyan por tu mente, pero evita los negativos. Si te encuentras pensando cosas negativas, simplemente libérate de ellas. Dite a ti mismo que las retomarás al día siguiente porque en ese momento tienes algo mejor que hacer.

Cuando te sientas completamente relajado, piensa en diferentes eventos que hayan sucedido en tu vida y visualiza tu entorno cuando ocurrieron. Podrías escoger acontecimientos de cuando estuviste lejos de casa y el ambiente era más exótico de lo normal. Yo invariablemente pienso en mi visita al templo de Poseidón en Sounion, cerca a Atenas, cada vez que hago este ejercicio. No importa en qué eventos pienses, siempre y cuando sean positivos y puedas visualizar el entorno. Retrocede en tu vida todo lo que puedas. Si retornas hasta la temprana infancia y nada desencadena una respuesta en tu mente, deja de concentrarte en los entornos y hazlo en las caras, sonidos y sentimientos que surjan.

Podrías encontrar que una escena en particular llama tu atención más que las otras. Si esto ocurre, concéntrate en ella y observa a dónde te lleva. Tal vez te trasporte a un sueño lúcido que se relacione con una vida pasada. Si parece no conducir a ningún lado, regresa al presente. A veces un sueño consciente de este tipo repentinamente se convierte en un sueño lúcido de una de tus vidas pasadas en el que eres literalmente absorbido.

A menudo te dormirás antes de que este sueño consciente te guíe a un sueño lúcido. Sin embargo, cuando despiertes por la mañana probablemente tendrás un fuerte recuerdo de eventos que tuvieron lugar en una vida pasada.

Otro método que podrías intentar es una forma de sueño yoga tibetano que estimula el sueño consciente. Acuéstate de lado con las rodillas ligeramente dobladas. Cierra los ojos y piensa en tu propósito para entrar en un estado de sueño. Visualiza dentro de tu garganta una flor de loto hermosa y vibrantemente azul. Imagínala abriéndose lentamente y observa una luz blanca increíblemente pura emergiendo del centro. Siente que esta luz gradualmente te llena y rodea con protección, paz y serenidad. Mientras el loto se abre lentamente, escucha la palabra mántrica Om [aum] repetida una y otra vez en tu mente.

Simplemente sé consciente de la hermosa flor de loto, la luz blanca y el sonido mántrico. Respira lenta y profundamente y permanece consciente y expectante. Pronto te darás cuenta de que estás soñando, aunque aún estés despierto. Sigue con el sueño y observa a dónde te lleva. Si es necesario, guíalo poco a poco hacia una de tus vidas pasadas.[27]

Soñar despierto conscientemente

Una forma de sueño consciente puede hacerse mientras se está despierto. Éste es el tercer método que anteriormente mencioné. Es una forma de soñar despierto.

Paso uno - Preparación

Necesitarás al menos media hora, preferiblemente más tiempo, para realizar este ejercicio. Siéntate tranquilamente donde no

---

27 Hay muchos libros disponibles sobre sueño yoga. Dos de los mejores son *Tibetan Yoga and Secret Doctrines,* de W. Y. Evans-Wentz, y *Dream Yoga and the Practice of Natural Light,* de Namkai Norbu.

te interrumpan, cierra los ojos y respira profundamente unas cuantas veces.

Paso dos - Piensa en tus recuerdos de vidas pasadas

Piensa en recuerdos de existencias anteriores que te hayan llegado en tus sueños. Tómate tu tiempo en hacerlo. Experimenta dichos recuerdos lo más completa y vívidamente posible.

Paso tres - Pide más información

Una vez que hayas hecho el paso dos, observa si puedes descubrir más recuerdos de esta vida anterior. No hay necesidad de esforzarse por obtener resultados; permanece relajado. Sueña despierto y observa lo que llega a tu mente. A menudo podrás seguir desde donde te habías quedado en el sueño. Lleva los recuerdos tan lejos como puedas.

Paso cuatro - Regresa al presente

Detén el ejercicio cuando sientas que has aprendido todo lo posible en esa sesión, o cuando el sueño despierto empiece a dirigirse a áreas que no están relacionadas con tu vida pasada. La mejor forma de retornar a una conciencia total es respirar profundamente cinco veces antes de abrir los ojos.

Paso cinco - Registra tus descubrimientos

Pon por escrito todo lo que puedas recordar lo más pronto posible después de terminar el ejercicio. La mayoría de las personas tiende a pensar que recordará todo lo que sucedió durante una de estas sesiones. Desafortunadamente, los recuerdos a menudo se disipan con rapidez.

Aprender a dirigir y recordar los sueños es una forma muy efectiva de recuperar recuerdos de vidas anteriores perdidos hace mucho tiempo. Para algunas personas es fácil recordar sus existencias anteriores de esta manera, mientras otras necesitan persistir para lograr resultados satisfactorios. Pero el trabajo con sueños es valioso para muchos propósitos además de para recuperar vidas pasadas. Puede ayudar al autoentendimiento, a vislumbrar el futuro, permite que se perciban presentimientos y advertencias, y que tengamos un control total de nuestra vida. Julio César era consciente de esto; cruzó el Rubicón debido a un sueño. Cualquier esfuerzo que hagamos para recordar sueños probará que es valioso.

La experiencia de Joanna

Joanna iba a mis clases buscando una solución a los perturbadores sueños que estaba teniendo. Había estado casada dos veces y tenía cincuenta y dos años de edad. Su primer matrimonio fue desastroso, y su segundo marido había muerto mientras hacía un viaje de pesca varios años atrás.

—Creo que superé muy bien la muerte de Frank –me dijo en nuestro primer encuentro–. Estábamos muy unidos y fue devastador; pero como dicen, el tiempo todo lo cura, y la vida continúa.

Joanna y Frank tenían una pequeña empresa distribuidora, y después de la muerte de su esposo, ella puso todas sus energías en la compañía. Ésta creció y hace un año la vendió por una gran cantidad de dinero.

—Soy libre para hacer lo que quiera –me dijo–. El único problema es que no tengo ni idea de qué deseo.

Luego me habló de sus sueños. Durante los tres meses anteriores se despertaba a medianoche con una sensación de presión sobre el cuello.

—Es como si alguien tratara de estrangularme, y al abrir los ojos veo esa aterradora cara morena mirándome fijamente. Sus ojos están llenos de odio y amenaza. Después me levanto, ya que me es imposible dormirme de nuevo.

—¿Reconoce la cara? –pregunté.

Joanna meneó su cabeza.

—Es conocida –contestó–. Me es muy familiar, pero no puedo reconocerla; es todo un misterio.

Parecía que Joanna estuviera experimentando el recuerdo parcial de una vida pasada. Ésta es la clase de información que retornaría involuntariamente si ella hubiera sido estrangulada en una existencia anterior.

Las experiencias traumáticas crean un profundo efecto sobre la mente. Por eso hay muchas personas recuerdan haber muerto en una vida anterior.

Le sugerí que tratara de dirigir el sueño en lugar de despertarse. En otras palabras, le aconsejé que lo convirtiera en un sueño lúcido. Aunque ella tenía el mismo sueño cada noche, la experiencia era tan aterradora que necesitó varias semanas para poder controlarlo. Una vez que tuvo éxito no hallaba la hora de contármelo.

—Hice lo que me sugirió –dijo Joanna–. Me dije a mí misma que estaba soñando y podía avanzar y retroceder en el sueño. Primero retrocedí. El nombre de mi esposo era Gerard, pero era Frank. Teníamos una pequeña granja; la habíamos construido de la nada, y aunque era muy modesta, nos sentíamos orgullosos de ella. Estaba embarazada; aunque yo no lo llevaba muy bien, Gerard nunca se quejaba. La vida era difícil, pero sabíamos que todo mejoraría posteriormente.

»Teníamos vecinos a una milla. Millie me gustaba, pero no podía soportar a su esposo, Joel. No me gustaba la forma en que me miraba. Podría decir que me desvestía mentalmente.

»Gerard y Joel solían ir al pueblo juntos a conseguir provisiones. Esto les llevaba tres días. Recuerdo tener una extraña sensación de culpabilidad una mañana de primavera cuando ellos partieron. Joel estaba casi babeando mientras me miraba fijamente, y yo me alegré al verlos marcharse. Pero luego empecé a preocuparme. Eso no era nada nuevo. Siempre me inquietaba cuando Gerard se encontraba lejos, y ahora con cinco meses de embarazo estaba más preocupada que nunca. Dormí mal la primera noche. La siguiente estaba tan cansada que me dormí rápidamente. De repente me despertó un olor a alcohol. Luego sentí unas manos fuertes sobre mi cuello. Abrí los ojos y comencé a moverme; Joel estaba sobre mí. Grité y traté de liberarme. Perdí el tiempo gritando, ya que nadie podía oírme, y no me era posible moverme con él sobre mí, con sus manos cogiéndome por todas partes. Me las arreglé para morderlo. Aún puedo sentir el sabor de su sangre. Eso lo hizo enfadar y me golpeó una y otra vez. Finalmente me estranguló.

Joanna sonrió a medias mientras terminaba su historia.

—Todo no surgió en una sola noche —explicó ella—. Fue muy horrible, pero poco a poco conocí la historia completamente.

—¿Aún tiene ese sueño? —le pregunté.

Joanna meneó su cabeza.

—Parece haberse ido, pero ahora sé cómo manejarlo. Muevo el sueño hacia el futuro. Veo dos tumbas de madera lado a lado. Gerard y yo.

—¿Qué hay de Joel?

Joanna movió nuevamente la cabeza.

—No sé lo que le sucedió. Algún día lo averiguaré. —Se puso a reír—. Lo que sí sé es que Frank y yo estuvimos juntos anteriormente, y lo estaremos de nuevo en el futuro. No tengo duda alguna al respecto.

5

MEMORIA LEJANA

Nuestro nacimiento sólo es un sueño y un olvido;
el alma que surge con nosotros, nuestra estrella vital,
ha tenido su origen en otra parte,
y viene de lejos.
No en completo olvido y no en total desnudez
pero arrastrando nubes de gloria venimos
de Dios que es nuestra morada.
WILLIAM WORDSWORTH *(1770-1850)*

Hace más de veinte años un buen amigo me habló de su método para recapturar vidas pasadas. Stephen era un octogenario
que sufría de insomnio. Se iba a la cama sintiéndose cansado,
pero horas más tarde aún se encontraba dando vueltas, totalmente incapaz de conciliar el sueño.

Para llenar estas horas de insomnio, Stephen empezó a retroceder en su vida, recordando todo lo que podía. Finalmente, regresó a su temprana infancia en el este de Londres y se
vio haciendo compras con su madre. Descubrió que, con la
práctica, podía recordar el nombre de todos los almacenes y
tiendas de la calle que transitaban. Estaba encantado de descubrir que su memoria era casi perfecta y de que pudiera ver
la calle y todos sus locales comerciales fácilmente con el ojo
de su mente.

Una noche trató de retroceder aún más. Se encontró como un bebé que lloraba en brazos de su madre. Ella estaba corriendo, e instintivamente Stephen sabía que lo estaba llevando al hospital. Aparentemente casi muere, y eso hubiera sucedido si su madre no se hubiera apresurado a llevarlo a un centro asistencial. A pesar de no contar con más de un año de edad, Stephen había tenido una experiencia cercana a la muerte.

—No lo recuerdo conscientemente –me dijo–, pero cuando regresé mentalmente a esa experiencia, fue bastante fuerte. Casi me muero, y sobreviví gracias a mi madre. Con razón mi mamá siempre me llamó el «niño milagro».

Stephen estaba fascinado por descubrir que podía recordar eventos que sucedieron cuando tenía sólo un año de edad. Regresó a ese incidente una y otra vez. Finalmente, decidió ver si podía retroceder aún más.

—Tuve una sensación de paz y confort –dijo–. Pensé que tal vez había regresado a la matriz. Pero repentinamente fui adulto y experimenté terror. –Los ojos de Stephen se agrandaron mientras me contaba la historia–. Estaba tan abatido que retorné al presente. Mi cama estaba empapada de sudor y mi corazón latía aceleradamente.

A pesar de esta sensación de terror, Stephen se sintió atraído de nuevo por la escena. Una o dos noches después retrocedió a su tiempo en la matriz, y luego, repentinamente, se encontró otra vez como un hombre joven, vestido con harapos y escondido en un pantano mientras hombres y perros lo buscaban.

—Mi boca estaba seca y mi corazón latía a ritmo acelerado. Podía oír los perros acercándose cada vez más, me sentía agotado. Ya había corrido mucho y no podía más. El olor del pantano era penetrante, pero me acosté mientras los perros venían corriendo por la orilla. Estaba seguro de que me encontrarían, sin embargo siguieron de largo, y pronto quedó todo en silencio. Me sentía mal y el estómago me molestaba, pero permanecí ahí en el pantano hasta que oscureció. Cuando desperté hacía frío y yo estaba mojado y cubierto de lodo.

»No sabía qué hacer. Me dirigí al bosque y me senté bajo un árbol, escuchando los sonidos de la noche mientras el frío lentamente invadía mi cuerpo. Esperé, sabiendo lo que iba a suceder. Creo que sonreí cuando mi espíritu abandonó el cuerpo.

Stephen no había mostrado interés en la reencarnación, y solamente tenía una ligera inclinación a pensar en la posibilidad de haber vivido antes. Sin embargo, se obsesionó con el joven hombre cuyo último día de vida él recordó tan vívidamente. Ahora se iba a la cama expectante, pues cada noche aprendía un poco más acerca de la persona que fue en su vida pasada. Llenó cuadernos con todo lo que podía recordar, y planeó escribir un libro sobre su existencia anterior. Un día, Stephen me telefoneó muy emocionado para decirme que se había comprado un ordenador y que así podría escribir su libro. Tristemente, murió pocas semanas después, dejando atrás docenas de cuadernos que son casi imposibles de leer.

Stephen gradualmente se convenció que estaba recordando una vida anterior. Encontraba perturbador el concepto de reencarnación, ya que pensaba que «una vez es suficiente para cualquiera». Solíamos tener fascinantes discusiones sobre el tema, y continuamente lo motivé para que retrocediese aún más y ver cuántas vidas pasadas podía recordar. Stephen nunca lo hizo, pues quedó muy fascinado con la vida que había descubierto.

El experimento de Stephen, destinado originalmente a llenar sus horas de insomnio, me enseñó que podemos recordar mucho más de lo que creemos.

Técnica de la memoria lejana

La memoria lejana es una técnica engañosamente fácil que muchas personas usan para conocer sus vidas pasadas. Aunque parece simple, requiere práctica para poder obtener resultados. Mi amigo Stephen pasó muchos meses recordando incidentes en su vida actual antes de regresar accidentalmente a una vida anterior. Por consiguiente, es buena idea realizar varias sesiones para saber cuánto podemos regresar en esta vida antes de penetrar en otra.

Paso uno: Busca la comodidad

Siéntete cómodo. No importa dónde hagas el ejercicio, siempre y cuando te sientas bien. En los meses de verano yo disfruto experimentando con la memoria lejana al aire libre. Por lo general me acuesto en una cama o me siento en una silla confortable. No es relevante el lugar que escojas, pero sí es necesario que no te interrumpan. Muchas personas prefieren hacer este experimento en la cama durante la noche.

Paso dos: Respira profundamente

Cierra los ojos y respira varias veces profunda y lentamente. Inspira mientras cuentas hasta cinco silenciosamente, retén el aire durante otro conteo de cinco, y espira mientras cuentas hasta ocho.

Paso tres: Relájate

Relájate todo lo que puedas. Podría ser útil repetirte a ti mismo, «estoy completamente relajado; estoy completamente relajado».

Paso cuatro: Visualiza una importante escena del pasado reciente

Visualiza un evento importante de tu vida que haya sucedido en los últimos años. Las personas ven las cosas de diferente forma. Si eres visual, observarás el evento con claridad en tu mente. Pero es también válido si escuchas, sientes o percibes la experiencia. Esto significa que eres auditiva o sinestésica, y experimentas un determinado evento de tu forma particular.

Por su intensidad, los olores son una forma muy efectiva de regresar a tus vidas pasadas. Es asombroso cómo diferentes aromas traen recuerdos enormemente poderosos. De los seis sentidos, sólo el del olfato es el que llega primero al sistema límbico, que es la parte del cerebro que parece estar relacionada con la memoria, las emociones y la autoconservación.

Paso cinco: Visualiza una escena anterior

Una vez que tengas claro en tu mente el evento importante, libérate de él y retrocede hasta un acontecimiento que haya sucedido mucho antes en tu vida. No importa qué edad tuvieses cuando ocurrió, siempre y cuando retrocedas en el tiempo.

Paso seis: Repite el paso cinco varias veces

Cuando hayas visualizado el evento satisfactoriamente, déjalo fluir y retrocede aún más. Sigue haciéndolo hasta que hayas retrocedido lo más lejos que puedas en esta vida. No importa si tienes diez meses o diez o veinte años de edad.

Paso siete: Retrocede todo lo que puedas

Ahora que has viajado hacia el pasado todo lo posible, piensa en tu deseo de regresar a una de tus vidas pasadas y luego observa si puedes retroceder aún más. Hay tres posibilidades en este momento: puedes retornar a una experiencia más temprana de tu actual existencia, encontrarte en una vida pasada, o que no suceda nada en absoluto.

Paso ocho: Explora tu vida pasada

Si has regresado a un evento anterior en tu actual vida, repite el paso siete las veces que sea necesario hasta que te encuentres en una existencia pasada. Cuando lo logres, familiarízate con la escena en la que te encuentras y explórala. Si no sucede nada y no regresas a una vida pasada o a un evento anterior de tu actual existencia, simplemente retorna al presente y repite el ejercicio nuevamente en otra ocasión. Pocas personas tienen éxito en su primer intento, y tal vez tú debas repetir este experimento muchas veces hasta que repentinamente te encuentres en una vida pasada. Por esta razón, es bueno hacer este ejercicio en cama por la noche. Si no regresas a una vida anterior, estarás relajado y simplemente puedes dormirte. Y si logras retornar a ella, puedes explorarla todo lo que desees y luego dormir.

Paso nueve: Regresa a esta vida pasada cada vez que quieras

Cuando hayas recuperado recuerdos de tu vida anterior, sin importar lo fragmentados que estén, no tendrás dificultad para regresar a esa vida en el futuro para aprender más. Una vez que se ha abierto la puerta, podrás retornar tan a menudo como quieras.

En lugar de centrarte en eventos importantes que hayan sucedido, puedes comenzar con cualquier suceso que te haya ocurrido el día anterior. Cuando lo tengas claro, piensa en algo que te haya sucedido la semana pasada. Observa si puedes pensar en algo ocurrido una semana antes, luego un mes atrás, y así sucesivamente. La idea es que pienses en todos los incidentes que puedas mientras retrocedes a través del tiempo.

El método de la memoria lejana parece fácil, y lo es para algunos. Sin embargo, he conocido personas que lo practicaron durante meses sin éxito alguno. Lo más importante es relajarse y dejar que todo suceda. La mayoría de las personas se frustran cuando los resultados no son inmediatos. Nada que valga la pena sucede sin un gran esfuerzo y trabajo. Lo más probable es que tengas éxito si practicas este ejercicio de manera casi despreocupada.

La experiencia de Kirsty

Kirsty está en la cuarentena. Se casó joven y se divorció cuando tenía veintitrés años y dos hijas. Crió sola a sus hijas y se volvió a casar hace dos años. Actualmente Kirsty dirige la oficina en la empresa de su esposo; es más feliz que nunca.

—En parte se debe a que he descubierto varias de mis vidas pasadas –me dijo–. Saber que esta existencia no es todo lo que hay fue muy motivante para mí. He podido ver los tiempos en los que he progresado y retrocedido. También he localizado varios factores kármicos en los que estoy trabajando.

El método favorito de Kirsty para regresar a una vida anterior es la memoria lejana.

—Me gusta esta técnica –explicó–. Atrae mi mente lógica, y parece haber mejorado mi memoria. Sé mucho más de esta vida que antes. Siempre hago el ejercicio de memoria lejana en cama por la noche. Estoy muy ocupada el resto del tiempo. Sólo lo hago si no me siento demasiado cansada, porque me quedo dormida fácilmente antes de realizarlo.

La primera regresión de Kirsty fue una experiencia inolvidable para ella.

—Siempre había llamado bastardo a mi primer esposo por arruinar nuestro matrimonio. Si no hubiera sido por su afición a la bebida y las drogas, probablemente estaríamos juntos. A medida que el tiempo pasaba empecé a entender lo que esto debía de haber sido para él. Tenía una pequeña empresa que fracasó, y yo estaba tan ocupada con las niñas que no le di el apoyo que necesitaba. Aun así, seguí renegando de él durante años, y me encargué de hacerle difícil ver a las niñas. Lo culpaba por todo, pero, por supuesto, hay dos lados en cada historia. Recientemente descubrí que él nunca me echó la culpa por nada. De hecho, sin que importe lo que yo haya hecho, siempre habló bien de mí.

»Bien, cuando regresé por primera vez a una vida pasada, descubrí que yo era un hombre no muy bueno, un jugador que se ganaba la vida con su ingenio. Algunas personas habían tratado de matarme, por eso supongo que hacía trampa para ganar.

»Tenía una esposa que me amaba demasiado. Era hermosa y yo estaba orgulloso de ella. Curiosamente, se trataba de Jeremy [su primer esposo] en la vida actual. Fue por ella por quien traté de llevar una vida honesta y por el camino correcto. Por supuesto, las cosas no fueron así. Cuando los tiempos se tornaban difíciles, estaba nuevamente estafando a los demás.

»Mi esposa me advirtió varias veces que si seguía haciéndolo me dejaría y se iría con sus padres. Finalmente lo hizo. Yo me alejé un par de meses, apostando dinero en barcos-casinos que cruzaban los ríos. Cuando regresé a casa con mis bolsillos llenos de dinero, ella no estaba ahí, sólo había una nota que decía que no podía aguantar más.

»Me dirigí a la casa de su familia, pero no me dijeron dónde se encontraba. Les dije que yo estaba cambiando y les di mi dirección. Prometieron dársela a ella, y no tengo idea de si lo hicieron, pues nunca la volví a ver. Fallecí a causa de una pelea de borrachos fuera de un bar. Tenía cuarenta y dos años.

Kirsty estaba visiblemente perturbada después de contármelo. Luego le pregunté cómo se relacionaba esa vida pasada con la actual.

—Él me dejó en esa vida; yo le dejé en esta.

—¿En cierta manera usted le pagó con la misma moneda por haberla abandonado la última vez?

Kirsty movió su cabeza.

—No lo veo así. Él tuvo que dejarme la última vez, yo era un criminal. Ahora soy yo quien he debido abandonarlo, debido a su abuso de alcohol y drogas. Alguien habría muerto si hubiéramos permanecido juntos. Pero, en realidad nos queremos. Tal vez somos almas gemelas en una forma extraña, aunque hasta ahora no hayamos podido hacer que las cosas funcionen. Creo que tendremos otra relación en otra existencia, y espero que sea mejor que antes.

—¿Qué hay de su actual marido?

Kirsty sonrió.

—Es un hombre maravilloso. No podía esperar a alguien mejor; es bueno, comprensivo, considerado y muy amoroso. Sin embargo, no creo que aquí haya un vínculo kármico. Puede parecer raro, pero lo veo como mi recompensa por el buen comportamiento. Él piensa que estoy loca por observar mis vidas pasadas, pero nunca se burla de eso. No podría tener un esposo mejor.

6

REGRESIONES
A VIDAS PASADAS

Debido a que a veces es tan increíble, la verdad evita ser
conocida.
HERÁCLITO *(540?-460 a. C.)*

Cuando muchas personas piensan en ser regresadas a una vida
anterior, tienen en mente la hipnosis. Desafortunadamente, la
palabra hipnosis asusta a muchos, pues tienen la idea de que les
lavarán el cerebro o perderán el control. Algunos creen que el
hipnotista les pedirá hacer algo vergonzoso.

Ninguna de estas cosas es posible. Cuando te hipnotizan,
eres más consciente de lo normal. Sabes exactamente lo que
está sucediendo. Por ejemplo, si regresas a una vida en la corte
de Enrique VIII, estarías en Hampton Court, pero al mismo
tiempo serías consciente que te encuentras en la oficina del hipnoterapeuta. Si el teléfono sonase o un auto tocase la bocina,
esto no te interrumpiría ni te molestaría, ya que estarías en
ambos lugares a la vez.

Entras en hipnosis cada vez que sueñas despierto. Si alguien
te hablara mientras lo haces, tal vez no oirías una sola palabra. Estoy seguro que has tenido la experiencia de conducir tu coche y
luego preguntarte qué hiciste durante los últimos cinco kilóme-

tros. Esto se llama *hipnosis repentina*. Simplemente continuaste conduciendo con el «piloto automático» mientras pensabas en otras cosas. Si algo hubiera ocurrido frente a ti, instantáneamente habrías salido de la hipnosis para prestarle atención. Después de todo, estabas conduciendo con seguridad. Continuamente las personas son hipnotizadas por la televisión y el cine. Yo tiendo a evitar películas tristes, pues me involucro emocionalmente y comienzo a llorar. Esto significa que he sido hipnotizado por la película. Conscientemente, sé que son simplemente imágenes en una pantalla, pero aun así permito ser hipnotizado por ellas.

Entramos y salimos de la hipnosis todo el tiempo. Si la película es emocionante, quedo absorbido por ella. Si luego se torna simple y sin fondo, probablemente saldría de la hipnosis y sería consciente de la silla en la que estoy sentado.

Todos somos diferentes. Yo podría estar absorto en una determinada película, pero tal vez mi esposa estaría aburrida y deseando que terminase. Por consiguiente, yo me encontraría en un estado de hipnosis, pero ella no.

El hipnotismo no es algo que haya que temer; es simplemente un estado en el que entramos y salimos todo el tiempo. Cuando visites a un hipnoterapeuta, él (o ella) simplemente te guiará a un estado hipnótico, de tal forma que los mensajes apropiados puedan ser introducidos en tu mente subconsciente. La hipnosis es muy útil para muchos problemas de todo tipo, tales como perder peso, controlar el estrés, dejar de fumar, ganar confianza, etc.

Muchos hipnoterapeutas también conducen regresiones a vidas pasadas. Si decides acudir a uno de ellos para experimentar una regresión, escógelo cuidadosamente. No todos los hipnoterapeutas están interesados en el asunto. Además, seguro que no deseas perder tu tiempo teniendo una sesión con alguien que sólo quiere tu dinero. Busca uno especializado en regresiones a vidas pasadas.

Cuando las personas acuden a mí para tener una regresión, siempre les digo que verán escenas perturbadoras, como si se estuvieran representando en una pantalla de televisión y todo le estuviera sucediendo a otro. A pesar de esto, ocasionalmente alguien experimenta verdadero terror. Un hipnoterapeuta experto en conducir regresiones sabrá exactamente qué hacer en este tipo de situación.

Es buena idea que visites a un hipnoterapeuta para tu primera regresión hipnótica. Esto te permitirá experimentar una vida pasada en un ambiente seguro. Es probable que tu hipnoterapeuta sea una persona comprensiva y preparada para comentar contigo después la vida pasada. Sin embargo, tal vez no te sea posible; puede no haber hipnoterapeutas en tu zona, o quizás no encuentres uno interesado en regresiones. Afortunadamente, puedes hacer el ejercicio solo; es sencillo usar técnicas hipnóticas para experimentar vidas pasadas individualmente.

Regresión hipnótica

Hay cuatro etapas en una regresión hipnótica. La primera y más importante del proceso es poder relajarse completamente. Una vez que estés totalmente relajado, el segundo paso es retroceder en el tiempo a una de tus muchas vidas pasadas. El tercer paso es explorar dicha existencia anterior. Finalmente, regresarás al presente con todos los recuerdos de lo que hiciste en esa vida.

Paso uno: Relajación

Siéntate o acuéstate cómodamente. Asegúrate de usar ropa ligera y de que la habitación esté razonablemente cálida. Durante la hipnosis perderás aproximadamente un grado de temperatura corporal. El proceso no funcionará si estás tiritando de frío. Si es necesario, podrías cubrirte con una manta.

Algunas personas prefieren escuchar una música suave. Yo en cambio prefiero el silencio. Sin embargo, la música puede ayudar a eliminar cualquier distracción exterior. Si vas a escuchar música, escoge algo que no tenga tonos reconocibles, pues puedes terminar tarareando la melodía en lugar de regresar al pasado.

Es importante relajarse lo más posible. Hay varias formas de hacerlo. Inspirar profundamente y espirar lentamente es un método excelente, especialmente si te dices mentalmente que te estás relajando a cada espiración.

Otro método es tensar y luego relajar cada grupo muscular. Por ejemplo, podrías tensar al máximo todos los músculos del brazo, mantenerlos así varios segundos, y luego relajarlos completamente.

El procedimiento que yo prefiero es trabajar lentamente mi cuerpo, relajando cada área. Comienzo con los dedos de los pies, y cuando llego a la coronilla estoy totalmente relajado. Lo hago concentrándome inicialmente en los dedos de los pies, y luego relajándolos. Después me centro en los pies y los relajo todo lo posible. Luego hago lo mismo con los tobillos, pantorrillas, rodillas, muslos, abdomen, pecho y hombros, antes de pasar primero a un brazo y luego al otro. Después relajo los músculos del cuello y la cara. Finalmente, examino todo mi cuerpo para ver si alguna área aún está tensa. Me centro en la relajación de esa área, y luego disfruto unos momentos la sensación de total relajación en cada parte de mi cuerpo.

Vivimos en un mundo muy estresante y a menudo no alcanzamos este estado de completa relajación ni siquiera durmiendo. Por eso a veces despertamos por la mañana sintiéndonos aún cansados, aunque hayamos dormido el tiempo usual. Este ejercicio de relajación es muy beneficioso y vale la pena practicarlo, aunque no se tenga el deseo de usarlo para explorar vidas pasadas.

Paso dos: Retroceder en el tiempo

Hay muchas formas de retroceder en el tiempo y el espacio para abrir las puertas de una existencia anterior. El método más común es imaginar que uno camina por un largo pasillo con puertas a ambos lados. Detrás de cada una de ellas está una de tus vidas pasadas, y puedes detenerte en cualquiera, abrir la puerta, y entrar inmediatamente a una existencia anterior.

Una variación de este método es imaginarte bajando por una hermosa escalera de estrellas hacia una gran habitación, que a su vez está diseñada sólo para ti y tu propio confort, y por eso puedes amueblarla de la forma que quieras. Te sientas en una cómoda silla en el centro de la habitación y observas las diferentes puertas que hay en ella. Cada una guía a una vida pasada, y te tomas tu tiempo para decidir cuál deseas explorar. Cuando te sientas preparado, te levantas, caminas por la habitación y abres la puerta de que hayas elegido.

Otro método es imaginarte que sales de tu cuerpo físico y que flotas a varios metros en el aire. Cuando estés listo, desciende lentamente y te encontrarás en otro tiempo y lugar.

Un procedimiento similar es que te imagines sentado en la cesta de un globo de helio mientras éste empieza a elevarse. Te sientes muy cómodo y relajado a medida que asciendes cada vez más. Luego observas que cuando te encuentras a unos setenta metros de altura, el globo da una ligera sacudida y luego te mueves a través del tiempo y el espacio hacia el pasado, para al final aterrizar y dejarte en otra vida.

En lugar de dirigirse hacia arriba para preparar la entrada a una vida anterior, algunos prefieren bajar hacia el pasado. Para hacerlo, todo lo que necesitas es imaginar un gran tobogán. Hay una manivela en la parte superior. Girándola, cambias la vida pasada a la que llegará. Cuando creas que has puesto la manivela en la dirección correcta, siéntate sobre el tobogán y disfruta deslizándote de regreso a una vida anterior.

Otro método es imaginarse en un pequeño bote que avanza por el río de la vida. Puedes dirigirlo hacia la orilla cuando lo desees. Dondequiera que decidas detenerte, será una ocasión importante en una de tus existencias pasadas.

Un método que muchos de mis pacientes disfrutan es simplemente imaginarse retrocediendo en el tiempo hasta que algo los detiene. Éste será el primer vislumbre del recuerdo de una vida pasada, y puedes dejar de retroceder cada vez que desees para ver lo que sucede.

Algunos prefieren imaginarse en un ascensor. Presionan el botón para cualquier piso. Cuando el ascensor se detiene, salen directamente a una de sus vidas pasadas.

Un hombre que acudió a mí quería regresar a una vida anterior en una cápsula del tiempo. Había tenido una vívida impresión mental de cómo era dicho aparato. Así, cuando se relajó completamente, hice que imaginara que subía a la cápsula, se abrochaba los cinturones de seguridad y cerraba la puerta. Luego conté de diez a uno para que la cápsula partiera. Después él se imaginó que el vehículo retrocedió como un rayo a una de sus vidas pasadas. Una vez que aterrizó, abrió la puerta y entró en una vida anterior. Cuando había llenado su curiosidad con esa existencia anterior, regresó al presente montándose nuevamente en su cápsula y viajando velozmente hasta mi oficina. Este método le funcionó tan bien a él que desde entonces lo he usado varias veces con diferentes pacientes. También he empleado un túnel del tiempo con otras personas.

Un método que disfruto particularmente es imaginar un hermoso arco iris. No es un arco iris corriente, pues es posible caminar sobre él hacia una vida pasada. Esta imagen evoca alegría, por eso uso el método frecuentemente cuando un paciente está nervioso por lo que va a suceder. El arco iris es siempre agradable a la vista en la vida real, y sólo pensar en él ayuda a que muchas personas se relajen.

A fin de cuentas, no importa el método que uses para regresar a una de tus vidas pasadas. Todo lo que necesitas es imaginar que retrocedes en el tiempo hasta llegar a la existencia deseada.

Esto es lo que le diría a alguien que está regresando a una vida anterior caminando por un pasillo:

«*Imagínate parado al final de una hermosa escalera. Es la más bella que hayas visto. Puedes sentir la suave textura de la lujosa alfombra bajo tus pies. Sientes la madera recién pulida de la barandilla, y decides que estás listo para bajar la escalera y explorar una de tus muchas vidas pasadas.*

»*Hay doce peldaños, mientras te apoyas en la barandilla, yo cuento de diez a uno; deja que tu relajación se duplique con cada paso que das, de tal forma que cuando llegues al escalón final estés total y absolutamente relajado.*

»*Diez. Duplica tu estado de relajación mientras bajas un peldaño.*

»*Nueve. Duplica de nuevo tu relajación.*

»*Ocho. Disfruta esta sensación de calidez, paz y total relajación.*

»*Siete. Ahora te sumerges aún más en la absoluta y total relajación.*

»*Seis. Otro paso hacia este maravilloso estado de paz.*

Cinco. Ahora estás a medio camino, disfrutando esta maravillosa y tranquila relajación.

»*Cuatro. Más y más relajado.*

»*Tres…, dos… y uno.*

»*Ahora te sentes completamente relajado mientras sales de la escalera hacia un pasillo, el cual es cálido, bien iluminado y tranquilo. Ahora caminas a lo largo de él, observando curiosamente todas las puertas que hay a ambos lados. Detrás de cada una están los recuerdos de una de tus muchas vidas anteriores, y puedes detenerte en la puerta que desees.*

»*Observas más detalladamente algunas de las puertas, pero una parece ejercer mayor fascinación que las demás para ti. Te detienes frente a ella, y luego levantas la mano para girar el picaporte. Abres la puerta y entras a una de tus vidas pasadas*».

Paso tres: Explora tu vida pasada

Al principio, la vida anterior a la que acabas de regresar será confusa y difícil de descifrar. Haz una pausa, respira profundamente y obtén un mejor enfoque. Observa tus pies y el calzado que estás usando (si lo tienes). Luego observa tu ropa. Mira si eres hombre o mujer. Tal vez no obtengas una respuesta inmediatamente, especialmente si eres un niño pequeño. Percibe la sensación de tu cuerpo. ¿Te sientes joven y lleno de vida? ¿Cansado y abatido? ¿Caliente o frío? Esto te dará una indicación de tu edad y estado de salud. ¿Te sientes contento y feliz en la vida?

Ahora mira alrededor y observa si estás o no al aire libre. Observa si alguien más se encuentra contigo y lo que estás haciendo.

Ahora que te estás familiarizando con tu nuevo ambiente, puedes retroceder o avanzar en el tiempo en esta vida pasada. Decide qué es lo que quieres experimentar, cuenta uno, dos y tres, e instantáneamente serás trasportado a una nueva escena. Puedes explorar cualquier aspecto de tu vida pensando en él y contando hasta tres.

Hay varias experiencias que siempre hago que mis pacientes visualicen. Quiero que vean lo que hacían para ganarse la vida, y recuerden al menos una situación con la persona que más amaban en esa existencia. Hago que participen en un momento familiar, o visualicen una tranquila escena con amigos. También me gusta que se vean a sí mismos realizando algo que los hiciera sentir orgullosos. Todos estos incidentes ayudan a crear un esquema de la vida de la persona.

La mayoría de los individuos quieren saber cómo eran en una vida pasada. Trasládate a una habitación que tenga espejos. Por supuesto, podrías estar experimentando una vida en la cual no existan los espejos. En este caso, ve a un charco o río y observa si puedes ver tu reflejo en el agua.

Lo mismo se aplica si no sabes tu nombre en esta vida. Ve a una escena donde alguien estuviese llamándote e inmediatamente sabrás tu nombre.

Dedica el tiempo que desees para explorar esta anterior existencia. Antes de regresar al presente, visualízate en el último día de la vida que estás explorando. Observa lo que estás haciendo y quién está contigo. Averigua si tienes algún remordimiento.

Retrocede y presencia tu muerte de forma objetiva si es probable que esto te cause dolor o emoción. Observa el cuerpo físico que acabas de dejar. Esto te dará una idea de la edad que tenías y cómo era tu estado de salud cuando moriste. Probablemente experimentarás una sensación de liberación. Tu espíritu estará feliz de abandonar finalmente este cuerpo físico para poder seguir adelante.

Pregúntate a ti mismo qué lecciones tuviste que aprender en esa vida. Averigua si hay algún karma que esté afectando tu actual existencia.

Paso cuatro: Regresa al presente

Una vez que hayas explorado tu vida anterior todo el tiempo deseado, es el momento de regresar al presente. Dite a ti mismo que recordarás todo lo que ocurrió durante la regresión, y que surgirán nuevos recuerdos en tu mente consciente durante los próximos días. Luego regresa a tu vida actual contando silenciosamente de uno a cinco. Mantén los ojos cerrados mientras retornas gradualmente al presente. Cuando estés listo, cuenta otra vez hasta cinco y abre los ojos.

Las personas regresan en diferentes estados emocionales. Algunos terminan muy alegres, pero otros quedan casi deprimidos. Siéntate tranquilamente unos cuantos minutos y piensa en tu vida pasada. Da gracias por tu capacidad de descubrir recuerdos perdidos hace mucho tiempo, y agradece también las bendiciones de tu actual existencia.

Ahora que has descubierto una de tus vidas pasadas, podrás regresar a ella cuando quieras. Todo lo que necesitas hacer en el comienzo del paso dos es pedir tu retorno a esta vida en particular, e inmediatamente regresarás y podrás explorarla más.

Ten en cuenta que puedes usar la misma técnica para explorar otras encarnaciones. Al comienzo del paso dos dite a ti mismo que regresarás a una vida anterior que no hayas visitado, y retornarás a una existencia diferente.

Consejos útiles

En mi oficina, la mayoría de las personas regresa a una vida pasada con facilidad. Esto se debe a que acuden a mí con un objetivo específico, y todo lo que necesito hacer es dirigirlos a una existencia anterior y guiarlos a través de ella.

Sin embargo, cuando tú lo hagas solo no será tan fácil. Las distracciones exteriores pueden ser un problema, particularmente si las crean miembros de tu propia familia. Podrías sentirte culpable por dejar de hacer tus tareas. Puede ser posible que alguien entre a tu habitación para ver lo que estás haciendo.

Si estos inconvenientes persisten, es mejor que suspendas la regresión y te ocupes de ellos. Podrías escoger otro momento cuando las distracciones externas sean menos probables. Tal vez encuentres que tarde por la noche o temprano por la mañana es el mejor momento para experimentar.

Algunas personas pueden relajarse fácilmente, pero luego se les hace difícil regresar a una vida pasada. Si esto sucede, inserta otro paso entre los dos primeros. Cuando estés relajado, piensa en una escena de tu más temprana infancia. Visualízala lo más claramente posible. Observa lo que haces, con quién te encuentras, y dónde estás. Explora la escena todo lo posible. Esta etapa adicional te permitirá relajarte aún más antes de regresar a una vida pasada.

Si sigues teniendo problemas, hay algo más que puedes hacer. Después de visualizar la escena de tu primera infancia, piensa en un período de la historia que te interese en particular. Mientras piensas en cómo debe de haber sido la vida en ese tiempo, podrías encontrarte regresando a una existencia anterior espontáneamente.

Esta vida puede situarse a miles de años del período de la historia en que estabas pensando, pero eso no importa. Lo que has hecho es insertar otro paso que te ayudó a retornar a una vida anterior.

Hay un proceso final que puedes llevar a cabo si aún tienes inconvenientes. Después de visualizar la escena de la infancia, regresa al presente y pídele a un guía que te ayude y permanezca contigo a lo largo de toda tu vida pasada. Este guía puede ser una persona sabia que ya conozcas o sobre la cual hayas leído. Puede ser un ángel o un guía espiritual. No importa quién sea. Podrías ver a esta persona, o tal vez tengas la impresión de que tu guía está presente. Pídele ayuda en el viaje que estás a punto de emprender. Una vez que hayas recibido el permiso de tu guía, comienza de nuevo el experimento desde el principio. Con la ayuda de tu guía, no deberías tener dificultad para regresar a una vida anterior. (En el capítulo 15 se muestra un método para regresar a una vida pasada usando tu guía espiritual como acompañante).

A muchas personas les preocupa revivir incidentes dolorosos durante una regresión. Desde luego, para la mayoría de nosotros la vida pasada fue mucho más violenta y peligrosa que en el presente. Por consiguiente, siempre es buena idea que te digas a ti mismo que verás todo de manera separada u objetiva, casi como si le estuviera sucediendo a otro. Si surge una situación traumática o difícil, siempre podrás dar un paso atrás y observarla imparcialmente. También puedes regresar al presente en cualquier momento contando de uno a cinco.

Algunas personas manejan la regresión de una manera imparcial, pero luego lloran. Ésta es una liberación emocional. Deja que tal liberación tenga lugar si ocurre. A veces puede ser doloroso liberar traumas del pasado. Muchos llevamos con nosotros gran parte del pasado, y puede ser emotivo cuando nos liberamos de él. Llora todo el tiempo necesario. Es una experiencia sentimental averiguar quién eras y qué estabas haciendo en una vida anterior, y es entendible que estos sentimientos necesiten ser liberados. No trates de controlarlos o suprimirlos.

Al igual que con los otros métodos en este libro, se requiere la debida práctica. Algunas personas experimentan una regresión en su primer intento, pero otras deben repetir el ejercicio varias veces antes de tener éxito.

En una vida anterior aprenderás sólo lo que sabía la persona que encarnaba tu espíritu. De este modo, es posible que no descubras el año en que naciste, el nombre del país donde viviste ni del monarca gobernante. Incluso podrías no saber el nombre de tu aldea, pues tal vez la llamabas «casa». A veces puedes obtener conocimiento adicional observando detalles en enciclopedias y libros de historia. Las ilustraciones en estos textos pueden ser muy útiles, pues a menudo muestran objetos que viste en tu vida pasada pero que no te detuviste a identificar.

También puedes identificar personas en tu existencia anterior que son importantes para ti en esta vida. Alguien que fuera tu esposa en una vida pasada podría ser tu hijo o tu madre en esta existencia. Las relaciones y sexos cambian, pero la persona es reconocible instantáneamente. Si esto sucede, notarás el sutil cambio en tu relación con estas personas en el futuro. Serás más comprensivo y condescendiente con ellas. Te darás cuenta de que están en tu vida actual para ayudarte a aprender importantes lecciones, y de la misma forma aprenderán de ti. Probablemente sentirás subconscientemente este vínculo kármico, y encontrarás muy útil tener prueba de él a partir de tus regresiones a existencias anteriores.

La experiencia de Debbie

Debbie es una estudiante de dieciocho años de edad que quiere ser doctora. Acudió a mis clases de desarrollo psíquico junto con su madre, que era alegre, vistosa y de carácter dominante. No es sorprendente que Debbie apenas dijera una palabra en cualquiera de las clases. Sin embargo, durante la regresión en grupo recibió vagos rastros de una vida en la Roma imperial y quiso explorarla más.

La joven estaba emocionada, pero insegura de si realmente quería saber más acerca de esta vida pasada. Lo comentamos un rato hasta que estuvo lista para seguir adelante.

Debbie fue un buen sujeto hipnótico, y no tuvo dificultad para regresar a una vida pasada. Sin embargo, no se trataba de la antigua Roma, sino de la Nueva York de comienzos del siglo XX, y ella era una anciana llamada Joan, que vivía en un pequeño apartamento con un gato llamado Rags.

—¿Ha sido una buena vida? –pregunté.

Joan sacudió la cabeza e hizo muecas.

—Tuvo sus momentos –dijo. Su voz sonaba vieja y cansada. A pesar de que no fumaba, su voz era áspera, como si hubiera fumado a diario un paquete de cigarrillos durante toda su vida.

—¿Cuál fue la mejor época?

Joan sonrió al recordar.

—Cuando tenía dieciocho años, con Herbie en el Central Park. –Tosió y movió la cabeza–. Pobre Herbie.

—¿Quién era Herbie.

—Un amigo.

—¿Sólo amigo?

Joan se rió tontamente, y por un segundo parecía tener de nuevo dieciocho años. Luego su cara envejeció otra vez.

—Lo amé.

—Bien. ¿Y él la amó?

—Por supuesto –Joan pareció indignarse.

—¿Se casó con él?

Joan meneó su cabeza.

—No.

Estuve a punto de cambiar el tema porque Joan se veía molesta, cuando agregó:

—El es judío.

—¿Y eso significa que no pueden casarse?

Joan dijo que sí con la cabeza. Varias veces parecía estar próxima a decir algo, pero cambiaba de parecer. Finalmente, le pregunté con quién se casó.

—Tommy Pearson.

—¿Lo ama?

—Está muerto.

—¿Fue un matrimonio feliz?

El matrimonio aparentemente no fue ni bueno ni malo. Tuvieron dos hijos, Walter y Edward. Tommy trabajó duro como panadero, y posteriormente tuvo su propio negocio. Nunca hizo mucho dinero, pero fue un buen padre y siempre se las arregló para proveer las necesidades de la vida. Estuvieron casados durante casi cuarenta años y solamente salieron dos veces de vacaciones. En una ocasión fueron a Chicago, y en otra ocasión estuvieron en un lugar cuyo nombre sonaba como Duesbury. Joan se molestó conmigo cuando traté de aclarar el nombre. Ambas vacaciones duraron una semana.

Tommy Pearson murió dos días después de su sesenta cumpleaños. Su hijo mayor, Walter, se hizo cargo de la panadería; era un buen trabajador pero mal empresario, y por ello el negocio fracasó pocos años después. Esto ocasionó una gran ruptura en la familia, y Edward, quien trabajaba en un banco, rechazó tener algo que ver con su hermano.

—En la Navidad veo a uno y luego al otro –dijo Joan–. Nunca juntos. Uno por la mañana, uno por la tarde. Es cruel, pero las familias son crueles.

—¿Volvió a ver a Herbie? –pregunté.

Los ojos de Joan brillaron y sonrió brevemente.

—Una vez, en Central Park. Walter y Edward eran pequeños, creo que tenían seis y cuatro años. Era una tarde de domingo, y nos encontrábamos caminando y disfrutando del sol, pues el invierno había sido largo. Un paseo familiar. Miré a un banco del parque y ahí estaba Herbie con su brazo encima de una hermosa mujer de cabello largo oscuro. Parecían muy felices los dos. Nuestros ojos se encontraron y yo me ruboricé, y luego nos alejamos. Tommy no notó nada. He pensado en ese día frecuentemente y me he preguntado quién era la hermosa mujer. –Joan se mordió el labio y parecía pensativa–. Espero que él haya tenido una vida feliz.

Ahora Joan estaba esperando la muerte.

—Mis amigos se han ido, y mi única familia son los muchachos y sus hijos. Los veo ocasionalmente. Me siento junto a la ventana y veo el mundo siguiendo su curso. A veces los días son largos, pero normalmente me quedo dormida en mi silla. El señor Bernstein, mi vecino, cuida de mí. Va de compras y me cuenta largas historias sobre su infancia; es un buen hombre.

—Ahora quiero que se traslade al último día de la vida que está explorando. Aún no ha fallecido, y verá la escena de forma objetiva, casi como si le estuviera sucediendo a alguien más. No habrá dolor ni emoción. ¿Está usted ahí?

—Estoy en mi silla, junto a la ventana. Tengo dolor.

—¿Dónde?

Joan señaló su corazón.

—Algo anda mal.

—¿Qué está haciendo?

—Nada.

—¿Por qué no le pide ayuda al señor Bernstein?

Joan movió su cabeza impacientemente.

—El señor Bernstein está muerto.

—¿Quién más puede ayudar?

—No quiero ayuda. Estoy lista.

—Está bien. De nuevo, viendo la escena de manera objetiva, quiero que se vea unos pocos momentos después de haber experimentado la muerte física. ¿Puede ver el cuerpo que acaba de abandonar?

Joan sonrió.

—¡Es tan pequeño!

—¿Hay alguien más ahí?

Joan negó con la cabeza.

—¿Hay algún karma en esa vida que esté afectando su actual existencia?

La mayoría de las personas tiene que pensar en esta pregunta antes de responderla, pero la respuesta de Debbie fue inmediata.

—Sigue tus sueños. No dejes que otros te influencien. Busca lo mejor.

La regresé al presente, y después de unos pocos segundos la desperté. Debbie estaba sorprendida con su vida pasada.

—No era lo que esperaba en lo absoluto –dijo ella–. Pensé que sería rica y estaría casada con el hombre de mis sueños. Parece que nada fue así.

—¿Así que esta vez te casarás por amor?

Debbie rió.

—Esta vez me casaré con Herbie.

—¿Lo reconociste?

Debbie negó con la cabeza.

—No, aún no lo he conocido; pero estamos destinados a estar juntos. Lo conoceré cuando nos encontremos mutuamente.

—¿Es él tu alma gemela?

—¿Sabes?, en esa regresión pensé que había conocido a Herbie durante muchas muchas vidas. Parecíamos estar muy unidos, y sin embargo no se nos permitía estar juntos. Era tan cruel… –Movió la cabeza–. Eso no sucederá esta vez.

7

DISCERNIR
LAS VIDAS PASADAS

Nacer dos veces no es más extraordinario
que nacer una vez.
VOLTAIRE *(1694-1778)*

El arte de discernir o adivinar por medio de una bola de cristal se practica poco en Occidente en tiempos modernos. Hace cien años era popular mirar la bola de cristal, y muchos todavía esperan encontrar una señora sentada junto a una de ellas cuando buscan una lectura psíquica. Los caricaturistas comúnmente muestran a las lectoras psíquicas como gitanas deslumbrantemente vestidas mirando fijamente sus bolas de cristal y expresando palabras profundas como «¡No hay futuro, pero qué buen pasado!».

Se cree que el arte de adivinar por medio de bolas de cristal se originó en Persia. En Egipto se hacía mirando fijamente un charco de tinta o incluso sangre. Los antiguos griegos practicaban la adivinación observando estanques de agua, o un espejo metálico pulido. San Agustín, Plinio y santo Tomás de Aquino mencionaron este arte en sus escritos. A comienzos del siglo XVI, Paracelso escribió *How to Conjure the Crystal So That*

All Things May Be Seen in It (Cómo conjurar el cristal para que todas las cosas se puedan ver en él).

Nostradamus (1503-1566) es probablemente el más famoso adivinador de todos los tiempos. La mayoría de sus conocidos cuartetos fueron compuestos después de observar fijamente un tazón metálico lleno de agua. Nostradamus también usó un espejo de mano cuando necesitaba mayores detalles. El célebre John Dee, astrólogo de la reina Isabel I, también utilizaba bolas de cristal y espejos. Curiosamente, él mismo nunca observó la bola de cristal. Un asistente observaba la bola mientras John Dee escribía las visiones.

Afortunadamente, tú no necesitas una bola de cristal para discernir sus vidas pasadas. En el Tíbet se usan las piedras negras lisas. En la India, he visto personas mirando un pequeño cuenco de tinta hindú, y también he visto mujeres adivinando al observar la uña del dedo pulgar. En el pasado normalmente se empleaban cristales blancos, amarillos, verdes, azules y violetas. Los espejos también cumplen la misma función. De hecho, muchas personas prefieren adivinar con un espejo en lugar de con una bola. Todo lo que realmente se requiere es algo en qué centrarse.

Adivinar con un vaso de agua

Un vaso de agua funciona tan bien como una bola de cristal. Yo colecciono bolas de cristal antiguas. Tengo un ejemplar victoriano en forma de una bola hueca que se llenaba con agua. Está apoyada sobre un soporte que oculta el lugar por donde se le introdujo el agua. Gradualmente durante los últimos cien años se ha perdido algo de agua, y ahora la bola está llena sólo en sus tres cuartas partes. Quien haya usado esta particular bola de cristal, realmente estaba adivinando con un vaso de agua sin saberlo.

Paso 1: Preparación

Usa un vaso redondo y trasparente, lleno de agua casi hasta el tope. Colócalo en una posición donde puedes mirarlo fijamente sin tener que levantar o bajar la cabeza mientras estás sentado. Tus ojos deben estar aproximadamente a un metro de él.

Paso dos: Observa fijamente el vaso

Respira profundamente varias veces y mira el vaso fijamente. Después de unos minutos el agua parecerá volverse lechosa, casi como una fina niebla. Sigue observándola, y notarás que esta niebla se convertirá en un azul apenas visible. No hay necesidad de concentrarse en el vaso de agua. Sólo míralo fijamente, pensando en términos generales sobre tu deseo de regresar a una vida pasada. En ocasiones tu mente divagará; es normal y no debes preocuparte al respecto. Una vez que seas consciente de ello, dirige de nuevo tus pensamientos a tu objetivo para que aparezca la niebla.

Paso tres: Regresa a tu vida pasada

Piensa en tu propósito de regresar a una de tus vidas pasadas. Poco después verás vagas formas apareciendo en la niebla azulada. Si tienes suerte, podrás presenciar una de tus existencias anteriores revelándose en la pantalla de niebla, casi como si estuvieras viéndola en televisión. Sin embargo, esto es improbable a menos que seas un experto en visualización.

La mayoría de las personas descubre que sus recuerdos de vidas pasadas aparecen en la mente mientras mira fijamente la arremolinada niebla. Es importante permanecer lo más calmado y relajado posible. Prácticamente todas las personas que conozco han practicado este método y se emocionan cuando empiezan los recuerdos de vidas pasadas. Tan pronto como piensan conscientemente en lo que sucede, los pensamientos desaparecen. Por eso debes permanecer tranquilo y relajado, y mirar fijamente el vaso casi de manera indiferente. Siempre podrás emocionarte después, cuando hayas retenido tus recuerdos perdidos.

Paso cuatro: Regresa al presente

El vaso con agua parece saber cuándo has visto lo suficiente. La escena gradualmente se nublará para decirte que la sesión ha terminado. Agradece en silencio la oportunidad de regresar a una vida pasada, respira profundamente varias veces y luego levántate.

Es posible que varias personas miren fijamente el vaso al mismo tiempo, y cada una regresará a una vida pasada válida. Yo era un poco escéptico al respecto. Había experimentado con trasmisión de pensamiento entre dos personas que usaban la misma bola de cristal, y pensaba que de algún modo todos encontrarían las mismas imágenes. Sin embargo, éste no es el caso, y si lo deseas, tú y tus amigos podéis descubrir vuestras vidas pasadas al mismo tiempo.

Adivinar con un espejo

Puedes usar un espejo de la misma forma que un vaso con agua o una bola de cristal. El espejo debe ser de buena calidad y estar lo más limpio posible. Lo mismo se aplica si estás utilizando una bola de cristal: debe conservarse limpia y cubierta con terciopelo negro o azul cuando no está en uso.

Paso uno: Preparación

Siéntate un poco más abajo del espejo, de tal forma que no te mires a ti mismo. Desde donde estás sentado, el espejo no deberá reflejar nada diferente a una pared en blanco. La habitación debe estar semioscura. Yo encuentro útil cerrar las cortinas y usar como iluminación un par de velas, una a cada lado del espejo.

Paso dos: Mira fijamente al espejo

Observa fijamente el espejo exactamente de la misma forma en la que lo hacías con el vaso de agua. Un rato después notarás que se forma una fina capa de niebla. Ésta es normalmente más densa que la niebla que rodea una bola de cristal o un vaso con agua.

Paso tres: Regresa a una vida pasada

Sigue observando el espejo y permite que regresen los recuerdos de tu vida pasada. Puedes ver escenas que se revelan en el espejo, o tal vez las sientas en tu mente. La mayoría de las personas las sienten en lugar de verlas, pero algunas pueden hacer ambas cosas. Comienzan sintiendo las escenas y luego, con la práctica, desarrollan gradualmente la capacidad de observarlas en el espejo. Por esta razón, prefiero un espejo a un vaso con agua o una bola de cristal, ya que permite que las imágenes se muestren en un área mucho más grande.

Paso cuatro: Regresa al presente

Después de un rato, la escena se nublará y no podrás ver más. Esto puede suceder después de uno o dos minutos, mientras en otras ocasiones podrás ver imágenes durante una hora o más.

Cuando la escena se nuble, ten en cuenta que la experiencia se acabó por el momento. Es una pérdida de tiempo tratar de regresar a ella en esa sesión. Respira profundamente varias veces y da gracias al espejo antes de retornar a tu vida cotidiana.

Cómo hacer un espejo para adivinar

Un verdadero espejo para adivinar es de color negro. Su fabricación es fácil. Todo lo que necesitas es el vidrio que cubre la esfera de un reloj, que puedes comprar en una relojería o en una tienda de manualidades. Escoge uno que tenga aproximadamente trece centímetros de diámetro. Limpia bien el vidrio, y luego pinta su lado externo (el convexo) con pintura negra. Cuando esté seco podrás usar su lado interno como un espejo negro. Cuando no lo utilices, mantenlo envuelto en una tela negra.

Escoger una bola de cristal

Las bolas de cristal son muy costosas. Las bolas de vidrio también funcionan bien, y se pueden comprar en diferentes establecimientos. Aún más baratas son las bolas acrílicas, que están disponibles en muchas tiendas. Sin embargo, estas últimas se deben tratar con mucho cuidado, pues se rayan fácilmente. He descubierto que funcionan perfectamente hasta que la superficie se raya. Si la cuidas bien te será muy útil.

Lo mejor es empezar con un simple vaso con agua o un espejo, negro o claro, antes de invertir dinero en objetos para adivinar. Cuida bien el objeto que utilices. Practica regularmente, y observa lo que llega a tu mente consciente. Toma notas de tu progreso y de los resultados. Descubrirás que cuanto más practiques, más habilidad tendrás. Con el tiempo podrás utilizarlo para otros propósitos, tales como encontrar objetos perdidos y ver el futuro, además de revivir tus anteriores existencias.

Hay varias cosas que puedes hacer si tienes dificultades. Espera hasta que veas niebla rodeando la bola. Aparta la vista y cuenta hasta diez lentamente. Aún deberías poder ver la niebla cuando vuelvas a mirar. Si ésta parece haber desaparecido, espera hasta que regrese e inténtalo otra vez.

Si puedes ver la niebla pero no aparece nada en ella, aparta la vista y observa un objeto de color vivo en la habitación durante quince segundos. Vuelve a mirar y observa si puedes sobreponer la imagen del objeto sobre la niebla. Una vez que lo logres, recuerda un incidente que sucediese en tu pasado y trata de plasmarlo en la pantalla de niebla. Cuando lo consigas, no tendrás dificultad para visualizar tus vidas pasadas en la bola.

La experiencia de Melvin

Melvin es un empleado de un banco de veintitrés años que asistió a mis clases de desarrollo psíquico junto a su novia Alice. Ella era extrovertida, y él tímido y reservado. Su padre había sido relojero, y Melvin tenía en casa una gran cantidad de vidrios de reloj. Hizo espejos negros para todos los de la clase. Sin embargo, él sólo experimentó con uno de ellos después de que su novia tuviese resultados positivos.

—Fue más fácil de lo que pensaba –nos dijo–. Tenía el vidrio en mi bolsillo y me encontraba en un restaurante. Alice me hablaba constantemente de sus vidas pasadas, así que pensé hacer el intento. Me acerqué a la ventana y miré fijamente el espejo. La niebla empezó tan rápidamente que cambié de postura, pensando que se debía a la luz.

»Luego vi una figura cubierta en el espejo. Era un hombre a caballo, y lo observé galopando hacia un claro arbolado. Al final había una enorme casa. El hombre pasó junto a ella hasta las caballerizas, y alguien lo ayudó a desmontar. Luego una niña pequeña corrió hacia él, diciendo «¡Papá!». Él se giró y una hermosa sonrisa invadió su cara. Se arrodilló y la niña llegó a sus brazos.

Melvin hizo una pausa y miró alrededor a la clase. Sus ojos brillaban.

—El hombre a caballo era yo y mi hija era Alice.

Alice había explorado muchas de sus vidas anteriores, y una de ellas parecía ser la misma que Melvin descubrió.

—Era una niña pequeña que usaba un vestido de brocado muy vistoso. Estaba en una biblioteca. Todos los libros eran para adultos, pero estaba feliz porque ésa era la habitación de papá. Podía sentir su presencia, aunque él no estuviera ahí. Me senté en su escritorio, y luego me paré junto a la ventana para mirar la lluvia. Sabía que pronto regresaría a casa. Me quedé dormida, con mi frente sobre el vidrio. Desperté cuando mamá llegó y me levantó. «¿Dónde está papá?», pregunté. «Shh, niña –dijo mi madre–. Pronto llegará».

»Me volví a dormir y mamá me llevó a la cama. Después, desperté cuando papá entró a la habitación para darme el beso de las buenas noches. Se sentó en la cama y me contó una historia de hadas hasta que me dormí.

—¡Y el papá era yo! –dijo Melvin.

Es normal que dos personas cercanas en esta vida se encuentren en diferentes relaciones mutuas en existencias anteriores. Las personas siempre son reconocibles, aunque cambien los sexos y las relaciones.

Melvin se sintió muy a gusto utilizando el espejo y también hizo las cosas de forma correcta; se relajó y no tuvo grandes expectativas, simplemente permitió que la vida pasada apareciera. Si hubiera estado ansioso o se hubiera centrado en el ejercicio escépticamente, no habría tenido éxito.

Melvin y Alice aún están juntos. Lo cual no es sorprendente, ya que hay un fuerte vínculo kármico entre ellos. Creo que son almas gemelas. Han descubierto otras vidas en las que ambos aparecieron, además de otras donde no se encontraron.

Melvin y Alice usan el espejo para recuperar recuerdos de sus existencias anteriores. Él encontró que podía regresar a sus vidas pasadas fácilmente usando otros métodos, pero prefiere el espejo porque es rápido y cómodo. Alice disfruta de este espejo más que cualquier otra técnica, pero creo que es debido a que Melvin fue quien le hizo el suyo.

8

REGRESIÓN CON TICTAC

Y ya que he perdido mucho tiempo en esta generación,
me gustaría, si Dios me da permiso,
recuperarlo con posteridad.
SIR FRANCIS BACON *(1561-1626)*

Los relojes y sus imágenes se han usado frecuentemente para ayudar a las personas a regresar a sus vidas pasadas. El constante tictac de un reloj recuerda que el tiempo está pasando. A menos que seamos conscientes de ello por alguna razón, el tictac normalmente no se oye. Cuando se percibe este sonido, las personas a menudo se sorprenden de lo fuerte que realmente es.

Me di cuenta por accidente de lo útil que es un reloj en las regresiones. Reemplacé el reloj de mi oficina por uno que tenía un tictac mucho más fuerte. Se me ocurrió que el sonido que hacía era tranquilizante, y quería saber si las personas lo preferían en lugar de la música que había usado anteriormente cuando hipnotizaba a mis pacientes. Como a la mayoría le gustó, dejé de utilizar música y ahora empleo el tictac del reloj como fondo para mi voz mientras realizo la hipnosis.

También experimenté con estos métodos de regresión en mis talleres y clases. Algunos descubrieron que era la forma más rápida y fácil de recuperar recuerdos perdidos hacía mucho tiempo. Sin embargo, la mayoría los consideró más difíciles que los otros métodos. Los incluyo en este libro como complemento. Vale la pena experimentarlos, ya que son técnicas muy efectivas para algunas personas.

Hay dos formas distintas de regresar a una vida pasada usando el sonido de un reloj.

Tictac del reloj: Primer método

Paso uno - Relájate con el sonido del tictac

El primer paso es relajarse con los ojos cerrados y ubicarse cerca del reloj. Lo ideal sería que no hubiese ningún otro sonido que interfiriese tu concentración.

Paso dos - Piensa en situaciones pasadas

Piensa retrospectivamente a través de tu vida y recuerda momentos que involucrasen un reloj. No importa qué tipo de sucesos sean. Podría ser ver el reloj funcionando y marcando lentamente los últimos minutos de un día de trabajo. Tal vez visualices una escena en la que estás acostado en la cama esperando que la alarma suene.

Recuerdo haberme dejado llevar por el pánico en una biblioteca hace muchos años, cuando el reloj indicó la hora de cerrar y yo no había seleccionado ningún libro para leer. Como adolescente, disfrutaba muchas horas felices en la piscina de mi barrio, y nunca podía creer lo rápido que pasaban las horas en el gran reloj que había allí. Mi padre tuvo una colección de relojes, y tengo muchos recuerdos de despertar por la noche y oírlos marcando la hora, uno tras otro. Siempre encontraba tranquilizantes estos sonidos, y rápidamente me volvía a dormir. Cada vez que hago este ejercicio, ésas son las escenas que recuerdo.

Paso tres - Respira profundamente varias veces y regresa a una vida pasada

Una vez que hayas recordado varios incidentes que involucren relojes, respira profundamente varias veces y déjate llevar a través del tiempo y el espacio hasta una experiencia que hayas tenido en una vida anterior y que involucre el sonido de un reloj. Cuando estés ahí podrás proceder a explorar la vida pasada todo el tiempo que desees.

Paso cuatro - Regresa al presente

Cuando estés listo, puedes regresar al presente de dos formas diferentes. Puedes pensar en los incidentes que recordaste en esta vida antes de regresar a una existencia anterior, avanzando gradualmente hacia el presente. También puedes respirar profundamente varias veces, contar silenciosamente de uno a cinco, y luego abrir los ojos.

Tictac del reloj: Segundo método

Paso uno - Mira fijamente la esfera del reloj

Siéntate directamente enfrente de un reloj con tictac, de tal forma que puedas observar su esfera sin subir, bajar o girar la cabeza. Mira fijamente el reloj durante cinco minutos.

Paso dos - Cierra los ojos y visualiza el reloj

Cierra los ojos y trata de visualizar claramente el reloj en tu mente. Si puedes verlo en detalle, procede con el siguiente paso. Si no puedes verlo detalladamente, abre los ojos de nuevo y míralo fijamente durante otros cinco minutos. Repite el procedimiento hasta que puedas visualizar claramente el reloj.

Paso tres - Elimina las manecillas

Cuando puedas ver mentalmente el reloj con claridad, elimina la manecilla de los minutos mientras continúas viendo el resto del reloj. Luego, elimina mentalmente la manecilla de la hora, para que quedes observando sólo la esfera y el revestimiento.

Paso cuatro - Elimina los números

Mentalmente elimina los números uno por uno. Yo prefiero empezar con el doce y retroceder hasta el número uno. Tal vez tú prefieras eliminarlos en el sentido de las manecillas del reloj, o podrías quitarlos sin ningún orden específico. Lo importante es que los elimines uno por uno. Finalmente, elimina cualquier otra marca sobre la esfera del reloj, por ejemplo el nombre del fabricante. Una vez que esté vacía, permite que se disipe lentamente hasta desaparecer. Por último, observa el revestimiento desintegrarse hasta que todo el reloj haya desaparecido.

Paso cinco - Regresa a una vida pasada

Después de que el reloj haya desaparecido, respirara varias veces y déjate llevar de regreso a otra vida. El propósito de este ejercicio es permitirte alcanzar un estado apropiado de paz y tranquilidad, de tal forma que retornar a una existencia anterior se convierta en algo fácil de lograr.

Paso seis - Regresa al presente

Cuando estés listo para regresar a tu vida cotidiana, respira profundamente cinco veces. Gradualmente sé consciente de tu entorno, y luego abre los ojos.

Es improbable que tengas éxito en alguno de estos ejercicios en el primer intento. Sin embargo, con la práctica constante, encontrarás cada vez más fácil relajarte hasta el punto necesario para conseguirlo. Algún día harás el ejercicio y repentinamente te encontrarás en una vida pasada. Cuando lo logres por primera vez, podrás hacerlo de nuevo cada vez que quieras.

La experiencia de Carl

Carl es un acaudalado hombre de negocios que se acerca a los sesenta años de edad. Se ha casado y divorciado dos veces, y asistió a mis clases esperando aprender algo referente a su propósito en la vida. Siempre sobresalía en las clases, pues normalmente era el único que usaba traje. Aunque era una persona amigable, le tomó un tiempo relajarse y mezclarse libremente con los otros alumnos. Posteriormente, me dijo que en su vida de reuniones de negocios había aprendido a expresar muy poco lo que realmente pensaba. Por consiguiente, encontró difícil adaptarse a una clase llena de personas que hablaban abiertamente sobre sus experiencias

Carl quedó fascinado con la idea de haber vivido antes. El concepto de reencarnación nunca se le ocurrió antes de venir a mis clases. Leyó todo lo que pudo sobre el tema, y ensayó varios métodos para regresar a una vida anterior por sí solo.

En la noche hicimos una regresión en grupo, Carl estaba emocionado y nervioso. Recuerdo que aproximadamente tres cuartas partes de la clase regresaron a una vida anterior, pero Carl no fue uno de ellos. Estaba decepcionado y se consideró un fracaso.

Después de la clase se quedó para hacerme algunas preguntas. Le dije que quizás se había presionado demasiado. Sólo con que se hubiera relajado para dejar que todo fluyera naturalmente, podría haber tenido éxito. Estuvo de acuerdo en que eso pudo haber sucedido, y luego me habló de otros métodos que había ensayado.

—¿Qué otras técnicas puedo practicar en casa? –me preguntó.

Le dije que en pocas semanas estaría practicando el método del tictac en clase, y que si quería podría practicarlo solo. Estaba contento por aprender otro método de regresión, y se empezó a sentir un poco más optimista.

Cuando regresó la semana siguiente, estaba radiante de alegría.

—¡Lo hice! —exclamó a todos mientras entraba a clase—. ¡Conozco dos de mis vidas pasadas!

Estaba tan emocionado por su logro que le pedí que contara su experiencia.

Después de la última lección Carl fue a casa y leyó durante una hora antes de acostarse. No se sentía nada cansado, así que se acostó en la cama y visualizó un reloj en el techo justo sobre su cabeza. Le resultó fácil hacerlo. Gradualmente hizo que diferentes partes del reloj desaparecieran hasta desvanecerse totalmente.

—Respiré profundamente diez veces —nos dijo—. Luego, repentinamente era un niño pequeño sentado frente al fuego en la sala de mi abuela. Ella no estaba conmigo, pero yo sabía que era mi abuelita. Detrás de mí podía oír el tictac del reloj de pared.

»Sabía que yo era quien soy ahora, pero al mismo tiempo era ese niño hace doscientos años. Me encontraba en algún lugar de Europa, probablemente en los Países Bajos, a juzgar por los muebles.

»Podía oír a mi abuela en la cocina cantando una canción mientras preparaba la cena. Era una canción triste, pero yo la consideraba hermosa. Atravesé la cocina y abracé sus faldas. Ella rió y también me abrazó. «Mi pequeño regresa a la vida otra vez», dijo, luego lo recordé todo. Un día estaba afuera con mis padres, y mi papá discutió con alguien. Empezó una pelea y él fue apuñalado, cayó al suelo, y el otro hombre huyó. Mi madre abrazó a mi papá mientras su sangre formaba un charco cada vez más grande sobre los adoquines. Yo permanecí detrás, mirando fijamente, incapaz de hacer nada.

»Finalmente (debió de ocurrir rápidamente, pero pareció una eternidad), otras personas llegaron a ayudar, pero era demasiado tarde. Mi madre se paró y gimió. Fue un sonido agudo semejante al de un animal salvaje. Me miró, pero sus ojos parecían no reconocerme. Di un paso hacia ella, pero su mirada me hizo detenerme. Luego di la vuelta y corrí.

»Dos días después me encontraron junto al río. Mi abuela me abrazó. Luego me enteré que mi madre estaba en un asilo, donde murió años después.

»Mi abuelita se convirtió en mi madre, y me idolatraba. Llegué a ser abogado, gracias a su motivación. Ella tuvo una larga vida, y yo la cuidé en su vejez.

Carl miró alrededor del salón sonriendo.

—Puedo verlo todo tan claramente como los veo a ustedes –dijo–. Es lo más extraordinario que me ha sucedido en esta vida.

—¿Fue una vida feliz? –le pregunté–. ¿Tuvo esposa e hijos?

Carl negó con su cabeza.

—No; nunca pareció haber una persona especial para mí. Pasaba la mayor parte del tiempo trabajando, pero era feliz, realmente feliz.

—Usted mencionó dos vidas pasadas –dijo uno de los estudiantes.

Carl respondió que sí con la cabeza.

—Tiene razón. Lo hice de nuevo la mañana siguiente, cuando desperté, y regresé a la misma vida anterior. Pensé que lo haría otra vez esa noche, pero en lugar de retornar a esa existencia, regresé a una vida mucho más antigua.

»No he tenido pasión por la música, pero en esa vida parece que fui trovador o ministril, algo por el estilo. Debió de haber sido en Inglaterra. Viajaba cantando y haciendo reír a las personas, quienes me daban dinero. A veces estaba solo, en otras ocasiones era parte de un grupo. Parece que no tenía casa. En invierno me iba al sur y al oeste, y esperaba a que el clima fuera de nuevo apropiado para poder empezar una vez más mis viajes.

»En términos generales creo que fue una vida feliz. No fue muy larga. Me resfrié y fallecí bajo un seto, en la mitad de la nada. Estaba lloviendo, casi como una ventisca, y me sentía feliz de dejar atrás esa vida.

Carl me miró.

—Tampoco hubo esposa o compañera en esta existencia –dijo–. ¿Por ese motivo me he divorciado dos veces en mi vida actual?

Yo negué con mi cabeza.

—No, usted debe de haber tenido muchas otras vidas. Tendrá que examinarlas para ver si la ausencia de una compañera es un factor común en la mayoría de ellas.

Sin razón aparente había asumido que Carl se sentía feliz viviendo solo. Pero en realidad, estaba buscando desesperadamente una pareja. Sin duda, ésa fue una de las razones por las que asistió a mis clases, pues la mayoría de los estudiantes eran mujeres.

Durante las siguientes semanas Carl regresó a muchas vidas pasadas. Curiosamente, sin importar si era hombre o mujer, parecía siempre estar sin pareja.

Finalmente, Carl encontró una vida con una compañera. Parecía estar en Asia Central, viviendo en situaciones difíciles. Su esposa parecía estar siempre enferma. A pesar de esto, tuvo un hijo cada año, pero casi todos murieron antes de cumplir tres años.

Carl la trataba con desprecio y tuvo fuertes recuerdos de interminables maltratos hacia ella. La violaba constantemente y la golpeaba cada vez que llegaba borracho. Esto no era muy frecuente, pues la bebida era un lujo que rara vez podía pagar. Sin embargo, una noche fue demasiado lejos y casi la mata en medio de su borrachera. Luego, cuando se durmió, ella lo golpeó en la cabeza y lo mató.

A Carl le resultaba difícil entender la situación.

—¿Cómo pude haber sido así? –preguntó–. En mis otras vidas fui una persona buena y humanitaria, pero en ésa en particular fui una bestia.

Es difícil responder preguntas como ésa. Tal vez Carl ha regresado una y otra vez para analizar su maldad en esa existencia. Quizás no ha disfrutado una relación estable desde entonces, debido a la forma en que trató a su esposa.

Después de la lección, Carl me dijo que no había sido un buen esposo en ninguno de sus matrimonios.

—El trabajo absorbía la mayor parte de mi tiempo –afirmó–. Definitivamente soy un adicto al trabajo. Además, tuve relaciones amorosas adúlteras durante ambos matrimonios. Creo que soy un aprendiz muy lento.

Carl aún está tratando de encontrar una compañera. Sin embargo, ahora tiene una visión mucho más clara de dónde ha estado en el pasado, y a dónde desea ir en el futuro.

Carl fue la única persona, en esa clase en particular, que tuvo éxito con la técnica del tictac. De hecho, la usó constantemente, ya que no estaba preparado para fracasar de nuevo ensayando otro método. Creo que conscientemente sabía que esto no habría sucedido. Sin embargo, no estaba listo para ponerlo a prueba.

9

FASCINACIONES, HABILIDADES E INTERESES

Los nacimientos nos trajeron riqueza y variedad, y otros
nacimientos nos traerán riqueza y variedad...
Walt Whitman

Todos tenemos habilidades y talentos innatos. Algunos nacen con capacidades prácticas y tienen éxito en ocupaciones donde ponen a prueba su habilidad. Otros llegan al mundo con un ritmo natural para la música; pueden convertirse en cantantes, bailarines o músicos. Una señora que conozco nació con una habilidad natural para consolar y cuidar a los demás. Se convirtió en enfermera y ahora dirige un hospital geriátrico.

¿De dónde provienen estas habilidades? En parte podría ser de la herencia, pero con frecuencia hay niños que nacen con una capacidad que parece originarse de la nada. Creo que estas habilidades fueron desarrolladas en vidas anteriores. Esto ayuda a explicar el fenómeno de los niños genio.

Mozart puede haber sido músico en muchas existencias anteriores, antes de nacer otra vez como Wolfgang Amadeus Mozart. A los cuatro años de edad podía tocar el piano muy bien y sólo un año después componía. Mozart nació en una familia musical, y su padre fue compositor, violinista y autor.

Sin embargo, la familia de George Friderich Händel fue todo lo contrario. Ninguno de sus antepasados parecía haber sido músico. Su padre fue un barbero-cirujano que se oponía a los intereses musicales de su hijo y quería que se convirtiera en abogado. Su madre tampoco lo apoyaba; sin embargo, fue el compositor de trabajos tan inmortales como *Música acuática* y el *Mesías*. Su extraordinario talento no tenía nada que ver con factores hereditarios.

Sócrates y Platón creían que todo conocimiento era el resultado del recuerdo. Henry Ford estuvo de acuerdo con esto cuando dijo: «Genio es experiencia. Algunos parecen pensar que es un don o talento, pero es el fruto de una larga experiencia en muchas vidas. Unas almas son más antiguas que otras, y por eso saben más».[28]

Un ejemplo interesante que aumenta la validez de esta hipótesis, involucra a sir William Hamilton (1730-1803), quien llegó a ser un eminente diplomático y anticuario. Siendo aún niño, le escribió una carta al embajador persa. Sin embargo, no lo hizo en persa moderno; utilizó una escritura que no había sido usada desde hacía varios siglos.[29] Ésta era sólo una de las trece lenguas que podía hablar a la edad de trece años. ¿De dónde obtuvo todo este conocimiento?

La xenoglosia es la capacidad de hablar un idioma que no ha sido conscientemente aprendido. Es un fenómeno muy raro, pero se han investigado varios casos. Uno de ellos es el de Viviane Silvino, quien nació en São Paulo en 1963. Aunque en Brasil se habla el portugués, Viviane empezó a decir frases en italiano. Antes de cumplir dos años, ella llamaba a su hermana *mia sorella* y a su muñeca *bambola*. En una ocasión su madre le dijo a alguien que no conocía a nadie que hablara italiano.

---

28 Henry Ford, entrevista.
29 Weatherhead, *Life Begins at Death,* 72.

Viviane rápidamente dijo, «Lo parlo», que significa «Lo hablo». Cuando creció, se hizo aparente el origen del conocimiento que tenía Viviane. Con el tiempo, ella empezó a recordar experiencias de una vida pasada en Roma durante la II Guerra Mundial. Viviane le tenía miedo a los aviones debido a las incursiones aéreas que había experimentado en su existencia anterior.[30]

El famoso actor Glenn Ford pudo hablar fluidamente en francés cuando fue regresado hipnóticamente a una vida pasada en la corte del rey Luis XIV. En la vida cotidiana sólo podía decir unas pocas frases en dicho idioma, pero cuando fue regresado habló el francés parisiense de finales del siglo XVII.[31]

Si todo conocimiento es realmente recuerdo, tienes a tu disposición diversos intereses y talentos que puedes conocer en tus vidas pasadas. Ya mencioné a un paciente que siempre fue hábil con las manos en las vidas que hemos explorado. Nació con destreza manual y la ha desarrollado durante muchas encarnaciones. Ahora sus manos pueden hacer casi todo.

¿Qué habilidades tienes? ¿Eres el miembro de la familia a quien todos acuden cuando las cosas andan mal? ¿Tienes talento para las matemáticas, o interés en un cierto período de la historia? ¿Coleccionas algo? Tal vez un pasatiempo o interés te dará pistas sobre tus existencias anteriores.

Un amigo mío que es oficial retirado del Ejército tiene recuerdos de muchas batallas famosas en el pasado, incluyendo la de Hastings. Obviamente, en esta vida una carrera militar era la más lógica elección para él, ya que estaba continuando un trabajo que pudo haber empezado hace miles de años. Varios militares famosos han recordado vidas pasadas, incluyendo al general George Patton y el mariscal lord Dowding, quien es-

---

30 Las experiencias de Viviane han sido descritas en muchos lugares. La fuente más interesante es *The Unknown Power,* de Guy Lyon Playfair.
31 Stemman, *Reincarnation,* 179.

cribió un excelente libro sobre reencarnación llamado *Lychgate*. Napoleón Bonaparte creía que había tenido muchas vidas antes, incluyendo unas en las que fue el emperador Carlomagno y Alejandro Magno.

A un joven pariente mío siempre le ha fascinado todo lo concerniente a Grecia. A una corta edad conocía todas las leyendas y mitos griegos, y continúa aprendiendo lo que puede sobre esta antigua civilización. Cuando tuve la oportunidad de hacerle la regresión, él fue directamente a una vida en Creta hace 2500 años.

Tal vez debas pensar cuidadosamente para determinar los talentos especiales que tienes. La mayoría de las personas tiende a subestimarse y a pensar que no tiene capacidades especiales. Pídeles a las personas que te conocen bien que señalen tus atributos particulares. Puedes sorprenderte de lo que te digan.

Es interesante ver como las habilidades que se emplean en la vida se hacen evidentes a una edad muy temprana. Yo siempre quise ser escritor, y tuve un pequeño periódico local que distribuía a mis vecinos cada semana. A una de mis amigas de infancia le gustaba jugar a ser vendedora de almacén. Cuando creció entró en la industria de las ventas y ahora tiene una exitosa cadena de tiendas de ropa. ¿Es posible que haya aprendido las habilidades esenciales para este trabajo en sus vidas pasadas? Piensa cuidadosamente en tus intereses de la infancia, ya que pueden darte pistas clave acerca de tus existencias anteriores.

Piensa en tus intereses y gustos. Si crees que puede ayudarte, ponlos por escrito. ¿Qué clase de comida te gusta? Por supuesto, si te encanta la *pizza* y la pasta, no necesariamente significa que hayas tenido una vida pasada en Italia, pero podría ser una pista. Sin embargo, si descubres que varios de tus gustos e intereses también se relacionan con Italia, lo más posible es que hayas tenido al menos una vida en ese país. Ésta es la ventaja de poner todo por escrito. De otra manera, podrías no notar como cierta región geográfica o un período de tiempo se presenta constantemente.

¿Hay algo que siempre quisiste hacer pero que nunca has tenido la oportunidad de lograrlo? Por ejemplo, si siempre deseaste tocar piano, puedes estar tratando de continuar con algo que iniciaste en una vida anterior. Esto es particularmente probable si tienes una fuerte atracción por la música para piano compuesta en una cierta época.

Las aversiones y bloqueos también pueden proporcionar valiosas pistas. Si fuiste castigado por haber hecho algo en una vida pasada, podrías tener un fuerte deseo de evitarlo al máximo en esta encarnación. Uno de mis pacientes fue torturado y casi asesinado en una existencia pasada por insistir en que las varas de radiestesia no eran trabajo del demonio. En esta vida rehusaba manejar estas varas hasta que el bloqueo fue descubierto y eliminado. Ahora es un practicante muy bueno, y así debe ser, pues ha tenido al menos dos vidas experimentando con esta habilidad.

La meditación y los talentos

Paso uno - Piensa en tus talentos

Cuando definas cuáles son tus talentos, habilidades e intereses, todo lo que necesitas hacer es meditar sobre ellos. Siéntate en algún lugar donde no te interrumpan, cierra los ojos, y piensa en tus talentos específicos. Piensa en el placer que obtienes al poner en práctica dichas capacidades, en lo que te gustaría hacer en el futuro con estos dones especiales, y en los momentos del pasado en que fuiste reconocido o apreciado por ellos. Este reconocimiento puede no haber provenido de los demás, sino de ti mismo, como en una ocasión en que supiste que habías hecho algo realmente bien. Podrías sorprenderte de los resultados.

Cuando pienso en la música de esta manera, mi mente me regresa a una ocasión en la que toqué el piano y dirigí el coro en un concierto de la escuela dominical cuando tenía diecisiete años. Había olvidado completamente esa tarde, hasta que hice el ejercicio, y el recuerdo regresó tan claramente como si hubiera sucedido ayer. Durante el concierto era consciente de que estaba haciendo un buen trabajo, y las felicitaciones de los demás reforzaron esos sentimientos positivos. Con el tiempo olvidé esa experiencia. Haciendo este ejercicio, probablemente recuperarás recuerdos olvidados.

Paso dos - Piensa en viejos recuerdos que involucren tu talento o habilidad
Revive estos recuerdos todo el tiempo que desees. Cada vez que finalices en un recuerdo agradable del pasado, observa si puedes regresar al instante previo a aquél en el que utilizaste estas habilidades.

Descubrirás que cada vez que hagas este experimento, regresará más información a ti. Un día, mientras hacía el ejercicio, recordé un momento que involucraba música, el cual ocurrió cuando estaba en primer grado. La señorita Donald, mi maestra, tenía varios instrumentos musicales en un armario ubicado en el rincón de clase. A mí me fascinaban. Un día le pregunté cuándo los tocaríamos. Ella contestó que cuando todos los estudiantes aprendieran a estar en completo silencio durante la clase. Tristemente, nunca sucedió, y no pudimos tocar los instrumentos. De nuevo, ésta es una situación que había olvidado, aunque fue muy importante en su momento. Estaba desesperado por tocar los instrumentos, pero no se me permitió hacerlo.

Paso tres - Permite que el talento te lleve de regreso a una vida pasada
Una vez que hayas localizado los recuerdos más antiguos posibles relacionados con tu talento o habilidad, observa si puedes

retroceder aún más. No te preocupes si al hacerlo no llega nada a tu mente. Podrías tener que repetir el ejercicio muchas veces antes de que surja uno de estos antiguos recuerdos. Podría tratarse de un recuerdo de una encarnación pasada, pero también puede ser de tu vida actual. Si es así, piensa en él, disfruta al revivirlo, y luego observa si puedes retroceder aún más. Haciéndolo, recordé a mi madre cantándome para que me durmiera cuando era bebé. Te asombrarás de los recuerdos que llegan a tu mente cuando saques suficiente tiempo para este ejercicio.

Finalmente, no habrá más recuerdos relacionados con tu talento en esta vida. Sin embargo, habrá muchos en vidas pasadas que simplemente están esperando ser descubiertos. Permanece en calma, tranquilo y confiado en que estos recuerdos regresarán a ti. La primera vez que lo hice no vi nada, pero oí la música de Haydn y estaba convencido de que yo tocaba un violín en la orquesta. Nunca he tocado ese instrumento en esta vida, pero tenía la seguridad de que eso era lo que hacía. Sesiones repetidas gradualmente aclararon la escena, y me encontré en un hermoso salón, nuevamente tocando la música de Haydn a una pequeña audiencia de unas veinte personas. Estaba feliz, disfrutando la música y siendo parte de una pequeña orquesta de cámara. Todos los miembros de ésta eran mis amigos, y nos sentíamos muy bien tocando juntos. El director era un hombre joven que no conocía, pero obviamente tenía un gran gusto por la música y todos disfrutábamos trabajando con él.

Conozco personas que habiendo hecho este ejercicio una sola vez regresaron fácilmente a una vida pasada, pero a la mayoría les resulta mucho más difícil. Basándome en mi experiencia, puedo decir que lo más probable es que recibas vagos rastros de una vida pasada, que gradualmente se harán más claros cada vez que repitas este ejercicio. Por supuesto, cuando hayas descubierto satisfactoriamente un recuerdo, podrás seguir y explorar la vida con todos los detalles que quieras.

Explora la vida anterior todo el tiempo que desees. Cuando sientas que es el momento de regresar al presente, respira profundamente varias veces y sé consciente de en dónde estás sentado o acostado. Reafirma que ahora que has descubierto esta vida pasada podrás retornar a ella otra vez las veces que quieras. Cuando te sientas listo, abre los ojos.

La experiencia de Judelle

Judelle es una maestra de primaria. En su tiempo libre es alfarera. Su trabajo ha ganado varios premios y vende gran parte de lo que produce. Ella quería averiguar si su talento natural con la arcilla era producto de muchas vidas pasadas o se trataba de algo nuevo en su actual existencia.

Un día se sentó bajo el sol afuera de su estudio, cerró los ojos, y retrocedió en el tiempo. Pensó en el momento en que por primera vez ganó un premio, y en lo orgullosa que se sentía. Luego regresó a una ocasión donde su maestra la felicitó por su trabajo. El siguiente recuerdo fue cuando tenía siete años de edad. La familia se encontraba de vacaciones, y Judelle hizo amistad con una mujer, una famosa alfarera local. Esta mujer permitió que Judelle moldeara arcilla en su torno, y, viendo el prematuro interés de la niña, colocó una pieza en el horno y la terminó para que se la llevara a casa.

Luego Judelle trató de retroceder aún más. Nada vino a su mente. Esperó pacientemente durante varios minutos. Estaba a punto de rendirse cuando sintió una sensación de balanceo y se dio cuenta de que estaba sentada en un bote sobre el río Nilo. Miró hacia abajo a los remadores que trabajaban al unísono y supo que era alguien importante. Parecía demasiado esfuerzo pensar en ello, así que se acostó sobre los lujosos cojines y miró imperiosamente a las personas que trabajaban en la orilla del río. Su mente se centró en el hecho de que algunos de ellos estaban cargando arcilla, pero el pensamiento pasó inmediatamente.

El paseo en bote parecía seguir interminablemente, pero llegó el momento en que lo amarraron en un pequeño muelle. Un grupo de personas la estaban esperando. La escoltaron hasta un templo que estaba medio terminado. Cerca a la entrada se detuvo y observó a una joven mujer haciendo una copa de arcilla. Sabía que el grupo estaba ansioso por entrar, pero estaba encantada por la forma en que la copa era elaborada con terrones de arcilla. Recogió algo de este material y empezó a moldearlo. Era consciente de la consternación que causaba, y esto la estimuló.

El tiempo se detuvo para ella mientras amasaba y moldeaba la arcilla. No se detuvo hasta que su padre apareció en las escaleras del templo, quien se molestó por el comportamiento de su hija y enfadado le señaló al grupo que entrara. De mala gana, Judelle dejó a un lado su pieza de arcilla, y apáticamente bajó las escaleras y entró al templo.

—Todo eso no surgió en una sesión –me dijo Judelle–. Primero tuve pequeñas visiones, luego las imágenes surgieron gradualmente, aunque no siempre cuando estaba pensando en esto. –Luego meneó su cabeza–. Es muy extraño, pero esos recuerdos son muy claros y vívidos. Uno no pensaría que son de hace miles de años.

Desde entonces, Judelle ha descubierto varias vidas pasadas, en las cuales ha sido evidente su amor por la alfarería. Al saberlo, ha aumentado su motivación hasta convertirse en alfarera a tiempo completo y ha mejorado su trabajo todo lo que ha podido en esta vida.

10

RADIESTESIA PARA DESCUBRIR VIDAS PASADAS

Estoy seguro de que realmente se vive otra vez, los vivos surgen de los muertos, y las almas de los muertos tienen existencia.
Sócrates (469-399 a. C.)

La radiestesia es la habilidad de encontrar algo que está oculto, normalmente agua o minerales subterráneos. Sin embargo, esta técnica se puede usar para localizar cualquier cosa. Por ejemplo, yo la utilizo para encontrar cosas que han perdido mis hijos. Los radiestesistas tradicionalmente usan una vara ahorquillada, pero pueden emplearse varios objetos. Algunas personas pueden hacerlo con las manos, como es el caso de Uri Geller.[32]

La radiestesia es muy antigua. Dentro de las cavernas Tassili n'Ajjer en el sureste de Libia, hay pictografías que muestran un grupo de personas observando un hombre que usa una vara ahorquillada. Se estima que estos dibujos fueron hechos hace ocho mil años.[33]

---

32 Webster, *Dowsing for Beginners*, 11.
33 *Ibíd.*, XIII.

Cualquier persona puede aprender radiestesia. Sin embargo, algunas personas son naturalmente mejores que otras. Los niños aprenden con facilidad, pero los adultos a veces necesitan poner a un lado la incredulidad para tener éxito al practicar el método. En casos extremos, he encontrado que si un radiestesista exitoso pone su mano sobre uno de los hombros del estudiante, aparece la respuesta radiestésica. Aunque actualmente no oímos tanto sobre radiestesia como antes, hay radiestesistas en todas partes. Se pueden encontrar delegaciones de la American Society of Dowsers por todo Estados Unidos, y si contactas con ellos, encontrarás muchos radiestesistas entusiastas. Son personas amables que estarán encantadas de ayudarte.

Si podemos descubrir radiestésicamente cualquier cosa que esté oculta, sería fácil aplicar la radiestesia a nuestras vidas pasadas. Se puede usar sola o en conjunción con otros métodos. Yo a menudo la utilizo junto con la regresión hipnótica para obtener una visión más clara de ciertas existencias anteriores.

Los radiestesistas usan varios tipos de instrumentos. Las varas angulares y el péndulo son los más fáciles de usar cuando se hace radiestesia para vidas pasadas.

Varas angulares

Hay dos maneras principales para aplicar la radiestesia en vidas pasadas. El primer método es usar las varas angulares, que son dos pedazos de alambre metálico en forma de L. Las míos son de unos catorce por siete centímetros. Puedes comprar varas angulares ya hechas, pero también las puedes hacer usando ganchos metálicos. Sostenlas en tus manos sin apretarlas a la altura del pecho, con las secciones de catorce centímetros mirando hacia adelante y paralelas entre sí. Puedes hacer preguntas a las varas cuyas respuestas sean «sí» o «no». Cuando yo lo hago, mis varas angulares se cruzan entre sí para indicar «sí», y normalmente no se mueven en lo absoluto para responder «no».

Deberás probar tus varas para determinar qué respuesta te darán. Para ello, necesitas hacer una serie de preguntas y ver qué respuestas te dan. Éstas son las preguntas que deberías hacer:

«¿Es mi nombre _____?».
«¿Tengo _____ años de edad?».
«¿Vivo en [*dirección*]?».

La primera vez que hagas estas preguntas debes dar información correcta sobre tu nombre, edad y dirección. Las varas angulares deberían responder «sí».

Haz otra vez las mismas preguntas, pero esta vez da información falsa. Todas las respuestas de las varas deben ser negativas.

Finalmente, haz las preguntas aleatoriamente, dando la información correcta unas veces y falsa en otras. Cuando hayas hecho todo lo anterior, deberías saber cómo responden tus varas para indicar respuestas positivas y negativas.

Para sostener las varas angulares con los puños cerrados se necesita tiempo y práctica. Deben quedar flojas, de tal forma que puedan moverse para indicar la respuesta. Muchas personas las aprietan mucho, y por consiguiente no reciben respuesta alguna. La solución para este problema es desarmar un par de bolígrafos baratos y colocar las partes cortas de las varas angulares en los cilindros. Ahora podrás apretarlos todo lo que quieras, pero las varas aún podrán moverse libremente dentro del tubo de plástico.

Cuando te hayas acostumbrado a usar las varas angulares, puedes empezar a hacerles preguntas sobre tus vidas pasadas.

Paso uno - Determinar cuándo viviste antes

Empieza preguntando si naciste en el siglo XX en tu vida más reciente. Si la respuesta es negativa, haz la misma pregunta con el siglo XIX. Sigue retrocediendo a través del tiempo hasta que recibas una respuesta positiva.

Luego pregunta si naciste en la primera mitad de ese siglo. Si no es así, pregunta sobre la segunda mitad. Ya sabes que esta respuesta será positiva, pero no está mal confirmar.

Pregunta sobre las diferentes décadas, y finalmente si naciste en años específicos, hasta que recibas una respuesta positiva. Si lo deseas, puedes luego determinar tu mes y día de nacimiento de la misma forma. La mayoría de las veces yo no lo hago en este paso, lo pregunto después si es probable que me ayude a verificar detalles de esa existencia anterior.

Quizás no desees explorar tu vida pasada más reciente. Tal vez quieras examinar una vida que creó un karma que te está afectando actualmente, o quizás la existencia más reciente que pasaste con tu pareja actual. Todo lo que necesitas hacer es preguntar por lo que quieres y luego seguir con el ejercicio hasta que encuentres el período de tiempo en que ocurrió.

Paso dos - Determina dónde viviste
Una vez que tengas tu año de nacimiento, puedes hacer preguntas sobre el país en que viviste. Sigue el alfabeto, preguntando si tu país de origen empezaba con una A, B, C, etc. Si tienes el presentimiento de que naciste en determinado lugar, puedes pedir la confirmación a sus varas angulares inmediatamente.

Paso tres - Determina tu nombre
Es fácil determinar tu sexo en esta vida pasada. Conocer tu nombre es mucho más difícil. Yo normalmente recorro el alfabeto otra vez, preguntando si la primera letra de mi nombre era la A, B, etc.

Paso cuatro - Determina tu ocupación
Puedes determinar tu ocupación de la misma forma que en los pasos anteriores. Sin embargo, yo empiezo preguntando sobre

diferentes tipos de ocupaciones para ahorrar tiempo. Pregunto si estuve involucrado en agricultura, enseñanza, medicina, música, etc., indagando ocupaciones que ya sé que experimenté en otras vidas.

Paso cinco - Personas importantes en tu vida pasada

También ahorro tiempo preguntando si personas importantes en mi actual existencia estuvieron conmigo en esta vida pasada. Las personas por las que indago son mis padres, mi esposa, mis hijos, y varios parientes y amigos cercanos.

Paso seis - Estado civil y familia

Luego hago preguntas acerca de mi estado civil, si tenía o no hijos, si era rico o pobre, sano o enfermo, etc. También averiguo cuándo fallecí.

Conocer una vida pasada de esta manera es un proceso lento sin la inmediación o emoción de una regresión hipnótica. Sin embargo, la radiestesia funciona muy bien con otros métodos, y nos permite conocer toda clase de detalles que podríamos olvidar y no preguntar, o incluso no considerar, en el curso de una regresión hipnótica. Por ejemplo, la radiestesia es excelente para suministrar datos y lugares específicos, información que es vital si vamos a desarrollar la regresión con más investigación. Detalles como éstos no siempre surgen en otros tipos de regresiones.

Péndulos

Aunque una vez usé varas angulares, personalmente prefiero usar un péndulo cuando utilizo la radiestesia para explorar vidas pasadas. Hay varias razones para ello. Un péndulo es simplemente una pequeña pesa sujeta a una cadena o hilo. Por consiguiente, es más conveniente que las varas angulares. Pero, más importante aún, se puede hacer un rango de preguntas más amplio, ya que no estamos limitados a sólo respuestas de «sí» y «no», lo que acelera el proceso.

El más famoso radiestesista de péndulo de todos los tiempos fue el abad Alexis Mermet, un sacerdote francés, quien usaba su péndulo para diagnosticar y curar enfermedades, y para otros propósitos. Desde su oficina en Saint-Prex, cerca de Ginebra, podía localizar las posiciones de proyectiles que quedaron enterrados sin explotar en suelo francés después de la I Guerra Mundial. También localizó agua para una escuela en Colombia. Después de que se encontrase el agua exactamente donde él dijo, el director de la escuela le escribió para agradecérselo y preguntarle si podía ver si había petróleo o minerales valiosos en la propiedad. En una ocasión, el abad Mermet localizó una vaca perdida, y pudo decirle al asombrado granjero que el animal había caído a un precipicio de cien metros de profundidad. También dijo que la vaca estaría tumbada con las cuatro patas en el aire, lo que resultó ser cierto.[34] Mermet también fue famoso por encontrar personas perdidas. En mayo de 1935 su trabajo fue reconocido por el Vaticano.

El péndulo puede ser casi cualquier cosa que pueda ser suspendida. Yo he usado un clip sujeto a un pedazo de cuerda cuando no hay nada más disponible. El peso ideal es de unos noventa o cien gramos. Si el péndulo es muy pesado, se te cansará el brazo rápidamente. Las mejores pesas son las redondas o simétricas. A través de los años he acumulado una gran colección de objetos novedosos que se pueden usar como péndulos. Mis hijos bromean diciéndome que necesito hallar con la radiestesia el péndulo apropiado para una tarea en particular.

Sostén la cuerda del péndulo con los dedos índice y pulgar de la mano derecha si eres diestro. Si eres zurdo, usa la mano

---

34 Mermet, *Principles and Practice of Radiesthesia*, 207-8.

izquierda. Coloca el codo sobre una mesa, y deja que la pesa se balancee libremente a aproximadamente unos tres centímetros por encima de la superficie de la mesa.

Detén el movimiento del péndulo con la mano libre. Luego pídele que te indique qué respuesta será para «sí». Hay cuatro posibles movimientos. Podría balancearse hacia atrás y adelante, alejándose de ti y luego regresando. Puede moverse de lado a lado, o tal vez de forma circular, en el sentido de las manecillas del reloj o al contrario.

Una vez que hayas determinado la dirección «sí», pídele al péndulo que te indique la de «no». Aún hay dos direcciones disponibles. Pídele que indique las de «no sé» y «no quiero responder».

Los movimientos pendulares que recibas para indicar las cuatro respuestas pueden no ser los mismos que los que yo recibo; son únicos para ti. Sin embargo, con el tiempo pueden cambiar. Por consiguiente, es bueno hacer estas preguntas de vez en cuando para asegurarse de que el péndulo no ha cambiado de parecer.

Cuando hayas averiguado los movimientos, confírmalos haciéndole al péndulo las mismas preguntas que le hiciste a las varas angulares. Sólo entonces puedes comenzar a hacer preguntas sobre tus vidas pasadas.

La experiencia de Denise

Denise acaba de terminar su segundo año en la universidad. Va a ser maestra, continuando una tradición familiar, pues sus padres ejercen dicha profesión.

Denise acudió a mí antes de la Navidad para hacerse una regresión a vidas pasadas. Fue un excelente sujeto de trabajo, y no tuvo problemas para retornar a una existencia anterior como tutora privada de los hijos de un hombre acaudalado de la Inglaterra victoriana. Sin embargo, a pesar de haber tenido una buena educación en esta vida pasada, Denise no podía dar detalles de dónde estaba exactamente la casa solariega en Inglaterra, o para qué familia trabajaba.

Usando un péndulo, descubrimos que trabajó para sir William Williams y su familia desde 1850 a 1854. El nombre del caballero parecía bastante inusual, pero el péndulo confirmó que era correcto, y también nos dijo que la casa estaba en Cornwall y que había sido construida sólo unos pocos años antes de que Denise llegara a trabajar para la familia.

Cuando Denise finalizó sus estudios, quiso visitar Cornwall para averiguar más. Denise conoció muchos detalles usando su péndulo, pero la mayor parte fue de carácter personal.

Éste es un ejemplo de cómo la radiestesia pudo ampliar la información suministrada por una regresión.

II

MEDITACIÓN CON NÚMEROS Y EL ARCO IRIS

El arco iris viene y se va,
y hermosa es la rosa, la luna brilla con encanto
mira a su alrededor cuando los cielos
están despejados,
las aguas en una noche estrellada
son bellas y limpias;
el sol es un glorioso nacimiento;
pero todavía sé, dondequiera que voy,
que ha fallecido una gloria de la tierra.
WILLIAM WORDSWORTH *(1770-1850)*

Este interesante método para regresar a vidas pasadas se puede practicar en privado o con un compañero que pueda guiarte a través de la experiencia. Es una forma muy agradable de descubrir existencias anteriores. Sin embargo, tiene dos desventajas. El método normalmente produce pequeñas visiones de muchas vidas pasadas, en lugar de un panorama detallado de una, lo que hace imposible verificar después los hechos. La otra desventaja es que no se tiene el control de a cuáles vidas se va a regresar.

La meditación con números y el arco iris usa una técnica de relajación progresiva para asegurar que estés físicamente relajado. Luego debes imaginar que caminas a través de un arco iris grande y hermoso, experimentando las sensaciones de cada color. Muchas personas comienzan obteniendo información de sus vidas pasadas estando aún dentro del arco iris. Una vez que estés en él, debes pensar en números al azar de un sólo dígito –o dos–, y ver qué imágenes regresan a ti.

Por ejemplo, podrías pensar en el número 8. Mientras visualizas este símbolo en tu mente, puede aparecer la imagen de una de tus vidas pasadas. Disfruta la experiencia, y luego piensa en otro número. Si quieres avanzar en esta encarnación, escoge uno o dos números mayores que el original. Normalmente esto te llevará a una fecha posterior en la existencia que estás explorando. Sin embargo, también puede conducirte a una encarnación completamente diferente. Si quieres asegurarte de que experimentarás otra vida, piensa en un número que esté bien lejos del primero.

Así, en poco tiempo podrás obtener recuerdos de docenas de vidas anteriores. Es poco probable que encuentres detalles verificables, pues sólo experimentarás breves visiones. No obstante, en esas encarnaciones puedes ver personas que son importantes para ti en tu vida actual. Tal vez encuentres que seguiste carreras similares en muchas existencias anteriores. También puedes enterarte del tipo de persona que eras en cada una de ellas.

Normalmente empleo este método para descubrir vidas pasadas que no conozco. Cuando las he encontrado de esta manera, puedo explorarlas más detalladamente utilizando uno de los otros métodos. Creo que ésta es una de las técnicas más agradables para regresar a anteriores encarnaciones.

Si lo deseas, puedes grabar el guión en un casete y seguirlo. La desventaja es que tu voz en la cinta podría forzarte a avanzar mientras estás experimentando una vida pasada particularmente vívida. En la práctica, yo me familiarizo con las ideas básicas del guión y luego me lo digo a mí mismo con mis propias palabras. Esto significa que puedo guiarme a mi propio ritmo a través del experimento.

La otra alternativa es hacer este ejercicio con un compañero. Antes de empezar, acordad una señal simple, de tal forma que quien desarrolle el ejercicio pueda dar instrucciones a quien lea el guión para que avance nuevamente. La señal más fácil es un movimiento del pulgar. Esto no afecta a la persona que está siendo regresada, y le permite a la otra saber lo que pasa.

Meditación con números y el arco iris

Paso uno - Relajación progresiva

Siéntate o acuéstate en una posición cómoda. Asegúrate de que la habitación está razonablemente cálida y de que no te interrumpirán. Podrías cubrirte con una manta, ya que perderás uno o dos grados de temperatura corporal durante esta meditación.

Inspira profundamente, y luego cierra los ojos mientras espiras. Sé consciente de tu respiración, y relájate más y más con cada respiración. Es una agradable sensación relajarse y dejar que el mundo continúe sin ti por un rato. Cada respiración te deja más y más relajado, más y más relajado.

Ahora concéntrate en los dedos de los pies, y deja que se relajen. Cuando sientas que están relajados, permite que la relajación fluya a los pies hasta que estén completamente flojos y relajados. Deja que la agradable relajación llegue a los tobillos, y luego avanza gradualmente a las piernas, pantorrillas, rodillas y muslos. Relájate más y más con cada respiración. Nada debe molestarte o interrumpirte mientras continúas relajándote cada vez más profundamente.

Ahora siente la agradable relajación fluir al abdomen, y luego al estómago. Toda la parte inferior de tu cuerpo está muy relajada, floja, suelta, completamente relajada.

Permite que la relajación fluya al pecho y los hombros. Siente la relajación extendiéndose sobre los hombros y dentro de ellos, liberando todo estrés y tensión. Cuando sientas tus hombros completamente relajados, deja que la relajación invada los brazos hasta las yemas de los dedos.

Centra tu atención en el cuello, y permite que todos los músculos de esta área se relajen. Siente cómo la relajación fluye uniformemente a la cara, y luego avanza hasta la coronilla. Deja que se relajen los músculos alrededor de los ojos.

Inspira profundamente y espira lentamente. Ahora te sientes totalmente relajado, desde la coronilla hasta las yemas de los dedos de los pies, y cada respiración te permite profundizar aún más en este agradable estado de total relajación y tranquilidad.

Ahora examina mentalmente tu cuerpo, y observa si cada área está tan relajada como desearías. Céntrate en los lugares que aún sientas tensos y permite que los músculos se relajen, hasta que finalmente estés total y absolutamente suelto, flojo y relajado.

Paso dos - A través del arco iris

En este agradable estado de total relajación, visualízate en el campo abierto. Estás caminando por un bosque de exuberante y fresca hierba. Es un día maravilloso, y el cielo está radiantemente azul con sólo unas pocas nubes algodonosas en lo alto.

Frente a ti está un magnífico y perfecto arco iris. Te sientes emocionado porque nunca antes has estado a los pies de un arco iris. Huele fresco y limpio, y los colores son más vibrantes que cualquier cosa que hayas experimentado antes.

Caminas hacia él hasta encontrarte tan cerca que puedes tocarlo. Cuando miras arriba, el arco iris parece ir directo al cielo. Lo tocas, y tu mano se introduce en el área roja. Sientes un ligero hormigueo en la mano, y te das cuen-

ta de que el rojo está haciendo que ésta y el brazo se relajen aún más.

Te sientes tan bien que decides entrar en el arco iris. Cuando miras alrededor, todo lo que encuentras es rojo. Hay rojo delante y detrás de ti, a cada lado, encima y debajo. Estás totalmente bañado y rodeado por este maravilloso rojo.

Te sientes muy puro, tranquilo y reconfortado. Todo lo que puedes pensar es rojo, rojo, rojo…

Haz una pausa de sesenta segundos. Muchas personas experimentan espontáneamente una vida pasada en este momento. Si te sucede a ti, disfrútala todo el tiempo que quieras, y luego continúa con la meditación. Si no regresas a una existencia anterior, espera sesenta segundos, y luego sigue.

Ahora sientes que debes seguir, así que das unos pasos adelante, y has entrado al área naranja. El rojo te hacía sentir reconfortado y relajado, pero eso no es nada en comparación de la completa tranquilidad y paz del naranja. Sientes el suave naranja penetrando en cada célula de tu cuerpo. Te encuentras totalmente rodeado por este color, y también eres parte de él porque está dentro de cada célula de tu cuerpo. No eres más que puro naranja, naranja, naranja…

Haz una pausa de sesenta segundos, y observa si recibes recuerdos de tus vidas pasadas. Si es así, disfrútalos todo el tiempo que desees, y continúa. Si no aparece nada, sigue con el ejercicio después de sesenta segundos.

El deseo de explorar más llega a tu conciencia, y das unos pasos hasta entrar en la sección amarilla. Estás familiarizado con el amarillo, pero nunca has experimentado un color tan perfecto y sereno como éste. Sientes como si quisieras disfrutar que su energía te bañase para siempre, ya que es enormemente pacífica, tranquila y perfecta. Estás rodeado por puro amarillo, amarillo, amarillo...

Haz una pausa de sesenta segundos y observa lo que sucede. Cuando estés listo, continúa con la meditación.

Y ahora estás listo para entrar en el color verde. La vibrante y curativa energía del verde casi te deja sin aliento. Te sientes restaurado y vigorizado en cada poro de tu ser. Relájate y permite que este color penetre en cada célula de tu cuerpo. Oh, este hermoso verde, verde, verde...

Haz una pausa de sesenta segundos, y continúa cuando estés listo.

Dando unos pocos pasos, estás completamente rodeado por azul. Antes has visto hermosos azules, pero nada comparado con esa majestuosidad. Mira alrededor, encantado por la maravilla de este magnífico azul, azul, azul...

De nuevo, haz una pausa de sesenta segundos.

Y ahora estás entrando en las energías curativas del índigo. Te sientes mejor que nunca antes, y estás disfrutando las sensaciones de profunda paz y alegría, mientras miras a tu alrededor el maravilloso índigo, índigo, índigo...

Haz otra pausa de sesenta segundos.

Sólo queda un color por visitar. Estás ansioso por avanzar al violeta, pero conservas todas las sensaciones que percibiste mientras experimentabas las maravillosas cualidades de los otros colores.

Y ahora es el momento de avanzar. Un paso, dos pasos, y tres. Ahora estás rodeado por las cualidades espirituales del violeta. Lo sientes penetrando en tu cuerpo, restaurando tu cuerpo, mente y alma. Siente como si pudieras permanecer dentro del violeta para siempre, disfrutando su calmante ternura y el hermoso despertar de tu centro espiritual. Hay algo indescriptible en el violeta, violeta, violeta...

Haz nuevamente una pausa de sesenta segundos. En esta etapa ya puedes haber experimentado varias vidas pasadas; sin embargo, es posible que no hayas descubierto ninguna. No importa, pues la siguiente etapa está diseñada para recuperar tus recuerdos de anteriores encarnaciones que han sido olvidados hace mucho tiempo.

Paso tres - Vida pasada después de una vida pasada

Es el momento de dejar atrás el arco iris. Eres reacio a salir, pero sabes que la meditación que has hecho es sólo un aperitivo de lo que está por venir. Ahora sales del arco iris, y regresas a la exuberante hierba del campo. Encuentras un agradable sitio para acostarte, inspiras larga y profundamente, y espiras lentamente.

Ahora estás totalmente relajado en cada nervio, fibra y célula de tu ser. Has experimentado las maravillosas energías de cada color del arco iris, y ahora estás listo para regresar a una de tus vidas pasadas.

Sin pararte a pensar en ello, simplemente piensa en un número, cualquier número. Mientras lo haces, regresarán recuerdos a tu mente, recuerdos de una de tus muchas vidas pasadas.

De aquí en adelante, puedes avanzar de la forma que desees. Si el primer número en que piensas te lleva de regreso a una interesante vida pasada, explórala todo el tiempo que quieras. Puedes avanzar o retroceder en esta vida pensando en números cercanos al original. Una vez que hayas obtenido lo que quieres de esta encarnación, puedes escoger otro número para ver qué surge en tu mente. Puede hacerlo todo el tiempo que desees, retornando finalmente al presente cuando te sientas listo.

Y ahora es el momento de salir de estas experiencias y regresar al presente. Los recuerdos no se perderán, los recordarás cuando retornes a tu vida cotidiana. También podrás explorarlos más detalladamente cada vez que quieras.

Así, ahora estás regresando al presente avanzando en espacio y tiempo hasta llegar a donde estabas al comienzo. En el ojo de tu mente, obsérvate dentro de la habitación en que te encuentras. Visualiza el panorama, los muebles, y sé consciente de cualquier sonido fuera de la habitación.

Y ahora, tras contar cinco, abrirás los ojos sintiéndote fresco, vigorizado, y con pleno recuerdo de todo lo que sucedió durante esta regresión.

Uno, regresas ahora, sintiéndote feliz y lleno de energía.

Dos, sintiéndote maravillosamente, perfecto en todos los aspectos.

Tres, sintiéndote como si hubieras tenido un maravilloso sueño nocturno.

Cuatro, listo para enfrentarte al mundo otra vez.

Y cinco, abres los ojos, lleno de energía y sintiéndote grande.

Si estás haciendo este experimento en cama por la noche, no desearás despertarte al final. En este caso, después de regresar al presente, dite a ti mismo que caerás dormido rápidamente, para seguir así toda la noche, hasta que sea el momento de despertar por la mañana.

Yo prefiero no hacer este experimento en la cama, pues me relajo tanto que normalmente me quedo dormido antes de haber atravesado el arco iris. Cuando me duermo de esta manera, he observado que experimento sueños vívidos. Sin embargo, por lo general no están relacionados con anteriores encarnaciones.

A veces descubrirás docenas de vidas pasadas en un corto espacio de tiempo. Cuando uso este método, pongo por escrito todo lo que puedo recordar lo más pronto posible después de conducir el experimento. Puedo ignorar algunas de las vidas que no me interesaron mucho, pero siempre tomo notas detalladas de las otras mientras los incidentes estén aún frescos en mi mente.

La experiencia de Jeremy

Jeremy es un programador informático de veintiséis años de edad. Adora las matemáticas y asistió a mis clases después de leer *Numerology Magic*, un libro sobre yantras mágicos. Estaba intrigado al enterarse de que había más en los números de lo que él pensaba.

Inicialmente encontró difícil relajarse. Cuando pudo atravesar el arco iris, aún no estaba totalmente relajado y se detuvo en ese punto. La segunda vez desarrolló el proceso de relajación dos veces, antes de entrar en el arco iris. Aquella vez sintió los colores mucho más vívidamente que antes, y avanzó a la siguiente etapa.

El primer número que escogió fue el siete. Esto se debió a que previamente había comentado en clase el significado espiritual del número. Nada llegó a él, y abrió los ojos.

Hizo un tercer intento días después. Mientras estaba atravesando el arco iris, tuvo una visión de sí mismo impulsando una canoa que parecía estar en un canal. Nunca lo había hecho en la vida real, y estaba tan sorprendido que casi abrió los ojos. Afortunadamente continuó, esa vez con mucha más confianza que antes.

Cuando era el momento de pensar en un número, de nuevo eligió el siete. Yo le habría sugerido que comenzara con uno diferente, pero obviamente el número siete ejerció un impacto especial en su mente. Entonces tuvo una vaga impresión de una escena familiar. Era en algún lugar del sureste asiático; un hombre, una mujer y dos niños sentados en un cobertizo de bambú. De algún modo, él se dio cuenta que era la mujer en la escena.

No surgió más información, así que pensó en el número ocho, creyendo que podría llevarlo a otra escena en la misma vida. Esa vez se encontró debajo de una cama mientras una pareja hacía el amor sobre ella. Se horrorizó al pensar que podía haber estado teniendo una relación amorosa con la mujer, y repentinamente se dio cuenta que ninguno de ellos sabía que él estaba ahí. Era un ladrón.

Quiso alejarse de esa vida lo más pronto posible, así que pensó en el número ochenta y siete. Instantáneamente fue trasportado a una oficina en tiempos victorianos. Estaba sentado en un taburete alto y examinaba cifras en un libro de cuentas.

«Quiero una vida lejos de las matemáticas», pensó, y sin considerar otro número, se encontró como un actor de la época romana. Desafortunadamente, a la audiencia no le gustaba el personaje que estaba interpretando, y era abucheado cada vez que aparecía en el escenario.

—Traté de explicar que sólo estaba actuando –me dijo Jeremy–, pero protestaban cada vez más.

Rápidamente pensó en otro número. Esta vez era un campesino en algún lugar en Asia Central.

—La tierra era plana y se extendía interminablemente en todas las direcciones. Hacía frío la mayor parte del tiempo, y la única diversión que teníamos era emborracharnos.

Jeremy pensó en otro número y se encontró en el Londres georgiano. Su hijo en esa encarnación era su padre en la vida actual, pero no pudo identificar a nadie más.

—No teníamos nada en común– dijo–. Es triste, ya que en esta vida tampoco concordamos en nada.

Jeremy exploró más detalladamente esa existencia, pues obviamente había un factor kármico entre él y su padre, y luego regresó al presente.

A pesar de las tristezas de algunas de las vidas, Jeremy estaba fascinado.

—No puedo recordar haberme divertido tanto a solas –me dijo.

12

MEDITACIÓN IMAGINATIVA

Nuestros actos vienen con nosotros desde lejos, y lo que hemos sido nos hace lo que somos.
GEORGE ELIOT *(1818-1880)*

Este método fue muy útil en mis clases, particularmente para personas que no podían regresar usando cualquier otra técnica. Para mi sorpresa, muchos de ellos empezaron con una escena imaginaria, pero luego siguieron con una vida pasada real.

No estoy seguro de cuál fue la razón. Tal vez estas personas tenían un miedo subconsciente de dejarse ir y regresar a una vida pasada. Una vez que descubrieron lo agradable que era el proceso, perdieron este temor, y pudieron fácilmente regresar a una existencia anterior. Tal vez la experiencia imaginaria les hizo recordar ciertos incidentes que revivieron recuerdos de vidas anteriores.

Las razones no importan. Lo importante es que la meditación imaginativa funciona muy bien, y permite que muchas personas descubran sus vidas pasadas.

Meditación imaginativa

Paso uno - El tiempo y el lugar

Piensa en los períodos de la historia que te interesan en particular. Podría ser la época de la Revolución francesa. Tal vez te fascine la Roma imperial. Quizás una vida en la Atlántida. Algunas personas escogen deliberadamente un tiempo emocionante, mientras otras prefieren un período de paz.

Podrías elegir el tiempo y lugar en el que vivió un héroe en particular. Si estás interesado en el drama, puedes pensar en el Londres en que vivió y trabajó William Shakespeare. Podrías decidir vivir en la Europa de Nostradamus, o estar en la pequeña embarcación en la que Cristóbal Colón cruzó el Atlántico. El tiempo o lugar que prefieras no marca una diferencia, siempre y cuando sea de tu agrado.

El tiempo y el lugar pueden no tener relación con tus vidas pasadas. Simplemente es un punto de partida para la meditación. Sin embargo, es sorprendente observar que a menudo las personas eligen un tiempo que les interesa, y luego se encuentran experimentando una vida pasada en ese período. Sin duda, esto explica por qué se interesaron en esa particular época de la historia.

Paso dos - Relajación progresiva

Escoge una hora en la que no te interrumpan. Busca la mayor comodidad posible y luego desarrolla una relajación progresiva para asegurar que estás completamente relajado. Podrías hacer las primeras dos etapas de la meditación del arco iris presentada en el capítulo 11. Si has aprendido a meditar, podrías empezar con una meditación. También puedes tensar primero y luego relajar todos los músculos de tu cuerpo, comenzando con los dedos de los pies, y trabajando gradualmente el resto. No importa el método que uses, siempre y cuando te sientas totalmente relajado al desarrollarlo.

Paso tres - Vida pasada imaginaria

Cuando estés relajado por completo, inspira profundamente y espira lentamente. Dite a ti mismo que vas a retroceder en el tiempo y el espacio hasta el período que decidiste en el paso uno.

Cuando estés ahí, visualiza la escena lo más claramente posible. Las personas experimentan las cosas de diferente forma. No debes preocuparte si no la ves con la claridad que desearías. Algunos la ven tan clara que jurarían haber estado dentro de la escena. Otros observan muy poco, pero la experimentan de manera diferente. Pueden sentir lo que sucede, o ser conscientes de todos los sonidos y olores.

Cuando estés familiarizado con la escena en que te encuentras, puedes retroceder o avanzar a través del tiempo. Podrías verte en casa, en el trabajo o jugando.

No hay necesidad de apresurarse. Pasa varios minutos explorando el período de la historia que escogiste. Encontrarás una fascinante experiencia, y sentirás como si realmente estuvieras viviendo en ese tiempo y lugar.

Paso cuatro - Regresa a una vida pasada válida

El paso tres sirve para dos propósitos. Primero, te permite experimentar visiones, sonidos, sabores y otras vivencias en un período de la historia. En otras palabras, es lo mismo que una vida pasada real. Esto te prepara para las experiencias de existencias anteriores verídicas que se presentarán. Segundo, te permite relajarte aún más.

Inspira de nuevo profundamente y espira lentamente. Con los ojos cerrados, visualízate como estés, sentado o acostado. En el ojo de tu mente observa la escena tan claramente como puedas.

Cuando puedas verte en tu imaginación, visualiza un montón de niebla que poco a poco te invade hasta envolverte completamente. Espera hasta que la escena en tu mente sea una masa arremolinada de niebla y ya no puedas verte.

Inspira profundamente y espira tan lentamente como puedas, permitiendo que la niebla se aleje poco a poco. Cuando ésta desaparezca, ya no te verás sentado o acostado; en lugar de eso, estarás dentro de una escena de una de tus vidas pasadas.

Espera uno o dos minutos para que te familiarices con la escena en la que te encuentras. Experiméntala de todas las formas que puedas. Mira alrededor y siéntela, huélela, e incluso pruébala. Cuando estés listo, retrocede o avanza en esta vida pasada, y explórala tan detalladamente como desees.

Recuerda visitar escenas que te revelen a quién amaste más en esa encarnación, qué hacías para ganarte la vida, en qué empleabas el tiempo, qué lecciones necesitabas aprender y qué karma fue creado y pagado.

Algunas escenas serán felices, mientras otras podrían ser neutrales o dolorosas. Puedes alejarte de las dolorosas y verlas desde lejos. Si lo deseas, puedes alejarte por completo, pero es mejor conocer los aspectos malos de tus vidas anteriores, además de los buenos.

Paso cinco - Regresa al presente

Cuando hayas aprendido todo lo que necesitas saber de esta sesión, regresa al presente contando en silencio de uno a cinco. Permanece quieto con los ojos cerrados durante un minuto, y luego cuenta de nuevo hasta cinco y abre los ojos.

Ahora que has experimentado una vida pasada válida, podrás regresar a ella cuando lo desees. Sin embargo, puede que no sea necesario. Ahora que los has descubierto, los recuerdos fluirán a tu mente consciente durante los siguientes días.

Si no has podido regresar a tus vidas pasadas usando los otros métodos, descubrirás que ya no es un problema ahora que has tenido éxito con el procedimiento anterior. Algunas personas prefieren continuar con esta técnica, pero otras prefieren explorar sus existencias anteriores de formas diferentes. Yo prefiero experimentar con varias técnicas, pero no es necesario. Todo lo que necesitas es un método que te funcione a ti.

La experiencia de Maria

Maria es una fisioterapeuta de veintiocho años. Quiere escribir novelas de amor, y una vez que dominó la técnica de meditación imaginativa, empezó a usar las primeras dos etapas para ayudar a crear sus historias.

—Probablemente estaba demasiado ansiosa por regresar a mis vidas pasadas –me dijo–. Había leído sobre Joan Grant, y que sus novelas eran recuerdos de sus anteriores encarnaciones, y pensé que me gustaría hacer lo mismo. Estaba ansiosa y tensa, y eso quizás me hizo imposible regresar usando las otras técnicas. Este método era apropiado para mí. Estaba acostumbrada a imaginar escenas para mis escritos, y cuando usted me pidió que escogiera un tiempo y lugar, no tuve que pensarlo dos veces. Sabía que quería regresar a la Inglaterra de la Regencia.

»Bien, todo estaba muy claro para mí en la mente. Había investigado ese período, por supuesto, y por ello me puse nerviosa. Empecé a imaginar escenas (una fiesta en una exclusiva casa en Londres, haciendo compras en Burlington Arcade, cosas como esas). Pensé que la claridad se debía a que ya había leído mucho sobre eso. Luego averigüé que las escenas siempre eran claras para mí. También fue fácil imaginarme rodeada por niebla.

»Creía que no iba a suceder, cuando la niebla empezó a alejarse. No vi nada en lo absoluto, pero podía sentir movimiento. Y después me di cuenta que estaba nadando y tenía los ojos cerrados. Luego el agua comenzó a enfriarse, abrí los ojos y me dirigí a la orilla. La playa era rocosa y ya casi oscurecía. No había nadie más allí. Sabía dónde estaba mi ropa y mi toalla, así que las encontré y empecé a secarme. Ahí fue donde me di cuenta que estaba desnuda. Repentinamente me sentí vulnerable y temerosa. Cogí la ropa y me vestí rápidamente para dirigirme a casa. Sabía exactamente a dónde ir, y una vez que empecé a caminar me sentí segura nuevamente. Nosotros (mi padre y yo) vivíamos en una casita de campo con techo de paja. Podía ver y oler el humo que salía de la chimenea mientras me acercaba.

»Olí un estofado que se cocinaba cuando abrí la puerta, y recordé que papá había cazado un conejo por la mañana. La cena estaba lista, y mi padre sonrió cuando yo entré. No era mi papá en esta vida. No sé quién era, pero sabía que lo amaba. Él me cuidaba y se preocupaba por mí en todo momento. No quería separarse de mí, pero yo tenía que marcharme, ya que estaba a punto de casarme.

Maria rió.

—Mi prometido es mi hermano menor en esta vida. Siempre he estado muy cercana a él, y ahora sé por qué. Es la única persona de mi existencia actual que pude identificar en esa encarnación.

»Quería casarme para alejarme de esta pequeña aldea y de la vida campestre. ¡Qué esperanza! Yo era inculta, analfabeta, al igual que Sean, quien en realidad era William. Trabajaba como peón de granja; él me prometió la luna, pero no había forma de que pudiéramos mejorar.

»Tuvimos una bonita boda. Todo el mundo estuvo ahí. No hubo luna de miel, por supuesto. Pasamos nuestra primera noche en una choza detrás de nuestra casa. Estaba destinada a ser sólo para una noche, pero pasaron años antes de podernos mudar. Tuvimos tres hijos.

»Fue una buena vida, feliz, pero estropeada porque yo nunca estaba satisfecha; siempre quería más. Sean (William) hacía todo que podía, pero siempre estábamos escasos de dinero. Nunca fui a ningún lugar. Era vieja cuando fallecí, y nunca me había alejado más de tres kilómetros en cualquier dirección.

—¿Estaba llena de remordimientos cuando murió?

Maria dijo que sí con la cabeza.

—Tenía muchos remordimientos: nunca había estado en otra parte, no vi a mi padre durante un tiempo antes de su muerte, no les di a mis hijos un mejor comienzo. Pero mi mayor pena era haber hecho tan miserable la vida de William. Sin importar lo que él hiciera por mí, nunca era suficiente; quería más, más, más. Prometió llevarme a Londres, pero obviamente no fuimos. Siempre se lo reprochaba. Posteriormente murió, y no pude pedirle perdón. Le hice daño a Sean. Creo que estoy tratando de compensar lo que le hice entonces.

—¿Esta vida fue en el período de la Regencia?

Maria rió.

—Qué irónico, ¿no? Sí, estaba viva en el tiempo apropiado, pero mi vida era completamente diferente a la de la gente rica y bella en Londres; las personas de las que quiero escribir.

Maria regresó a esta encarnación varias veces y descubrió mucha información. Ahora planea escribir una novela basada en ella.

—Los recuerdos son tan vívidos que podían ser de ayer. De hecho, son tan fuertes como los recuerdos que tengo de la vida actual. Voy a escribir una novela de amor, pero realmente será una autobiografía.

Maria aún no ha tenido tiempo para experimentar con los otros métodos de conocer sus vidas anteriores. Tampoco ha explorado ninguna otra encarnación.

—Después habrá tiempo para eso –me dijo–. Ahora estoy demasiado ocupada tratando de encontrar hasta el último detalle de esa vida. Quiero que el libro sea lo más preciso posible.

Sería interesante saber cuántas novelas históricas son realmente recuerdos de anteriores encarnaciones. Joan Grant afirmó que muchos de sus libros eran trascripciones de sus vidas pasadas. Hace años leí un libro titulado *Echo*, escrito por Shaw Desmond. Sólo después de leer otro libro de este autor, *Reincarnation for Everyman*, me di cuenta de que *Echo* era un relato de su vida en Roma en tiempos de Nerón.[35] Debe de haber muchos ejemplos más.

---

35 Desmond, *Reincarnation for Everyman*, 98-109.

13

EXPLORACIÓN DE LOS REGISTROS AKÁSHICOS

El inconsciente colectivo es común para todos; es el fundamento de lo que los antiguos llamaban la «simpatía de todas las cosas».
CARL JUNG *(1875-1961)*

Los reloj son un depósito que contiene información completa de todo lo que ha sucedido en el universo. Cada pensamiento, sentimiento o acción se almacena ahí, y puede obtenerse a solicitud. Es una memoria colectiva que todos podemos utilizar cuando necesitamos información. En efecto, contiene no sólo los registros personales de todo el mundo, sino también los de cada familia, tribu y país. Ha sido descrito como un «increíble ordenador psíquico».[36]

Averroes (1128-1198), filósofo islámico medieval, pensaba que tenemos cuerpos separados pero no mentes separadas. Él creía que somos «como una planta acuática con muchas cabezas

---

36   Moss y Keeton, *Encounters with the Past,* 16.

creciendo sobre el agua, pero unidas en una gran raíz debajo de la superficie».[37]

Los registros akáshicos se pueden comparar con la teoría del inconsciente colectivo de Carl Jung, quien inventó dicho término que ha representado todo el pensamiento-sustancia de la raza humana.

Edgar Cayce describió estos registros como una biblioteca gigante. En una charla que dio en el Hospital Cayce, en 1931, explicó cómo salió de su cuerpo, viajó hacia un rayo de luz y finalmente llegó a una colina en la que había un templo. «Entré a este templo –dijo–, y encontré en él un gran salón, muy semejante a una biblioteca. Ahí estaban los libros de las vidas de las personas, porque las actividades de cada una tenían su registro. Simplemente tuve que sacar el del individuo sobre quien estaba buscando información».[38]

Los registros akáshicos contienen información de todas tus vidas anteriores, además de pistas para tus probables encarnaciones futuras. Requiere práctica llegar ahí, pero una vez que lo logres, no es difícil examinar los registros de tus propias vidas cada vez que lo desees. Es mucho más difícil examinar los de otras personas. Sin embargo, con la práctica es posible lograrlo, y muchas personas, tales como los clarividentes, lo hacen regularmente.

Meditación de registros akáshicos

Paso uno - Sintonízate

Utiliza el tiempo necesario para pensar en tu necesidad de ver tus registros akáshicos. Necesitarás las razones personales apro-

---

37 Averroes, *On the Soul,* 121.
38 Langley, *Edgar Cayce on Reincarnation,* 47.

piadas para llegar ahí. Es improbable que tengas éxito si estás motivado sólo por la curiosidad, por ejemplo. Si tu estímulo es aprender algo sobre tu pasado que te permita actuar mejor en el futuro, indudablemente tendrás éxito. Lo mismo sucederá si deseas desarrollarte espiritual o mentalmente. Visitar los registros akáshicos no es algo que se haga por diversión. Es una búsqueda seria, y debes enfocarla con una mentalidad adecuada.

Paso dos - Relajación

Cuando tengas claras tus razones para visitar los registros akáshicos, puedes avanzar al paso siguiente. Encuentra un sitio cómodo donde no te interrumpan durante aproximadamente una hora. Relájate usando el método que te guste. Yo uso la relajación progresiva, pero tensar y luego relajar, meditación, o cualquier otro método que te permita olvidar temporalmente las preocupaciones del día, también funcionará eficazmente.

Paso tres - Sal del cuerpo

Examina mentalmente tu cuerpo para asegurarte de que estás totalmente relajado. Céntrate en áreas que aún tienen tensión, hasta que estés seguro de que te encuentras relajado en cada célula de tu cuerpo.

Luego piensa en tu necesidad de visitar los registros akáshicos. Luego imagina que tu espíritu o alma están desprendiéndose del cuerpo y gradualmente se alejan flotando. Pon tu centro de conciencia en tu espíritu y podrás verte relajado y pacífico. Mentalmente envía protección a tu cuerpo físico para mantenerlo seguro mientras estás lejos.

Paso cuatro - Acércate a los registros akáshicos

Cuando te hayas familiarizado con la situación en que te encuentras, puedes permitir que tu espíritu fluya libremente a través del tiempo y el espacio, hasta que llegue a los registros.

Visualiza tu alma pasando como un rayo a través de un largo túnel, y luego saliendo a un aire fresco y claro arriba en el cielo. Debajo ves una colina pequeña y perfectamente formada, con un templo blanco en la cima. Mientras desciendes, observas que el verde césped ha sido cortado recientemente. Parece suave y esponjoso. El césped armoniza bien con el limpio mármol blanco del templo.

Aterrizas en un patio frente a la entrada principal del templo. Un hombre grande se encuentra ahí, y te das cuenta de que es el portero.

Paso cinco - Pide lo que quieras

Aunque estás en forma espiritual, el portero te da la bienvenida con una sonrisa y una reverencia. Él espera que le digas qué quieres. Le dices tu nombre y que desearías ver tu libro.

Él te pide que esperes un momento, se va adentro y luego regresa casi inmediatamente. Te deja la puerta abierta para que puedas entrar.

Ahora entras a un gran salón que parece una enorme biblioteca, llena de filas y filas de libros. Observas que muchos de los registros son libros, pero otros están en forma de rollos o tablillas.

El portero te lleva a una pequeña sala que contiene una gran mesa y una silla. En la mesa está tu registro. La habitación es cálida y confortable. Parece no haber fuente de luz, pero hay una total y uniforme iluminación. Te sientes paz en ese lugar.

El portero hace de nuevo una reverencia, luego te deja solo y cierra suavemente la puerta al salir.

Paso seis - Explora tu registro

Observas por unos momentos tu registro. Es difícil creer que en este libro esté el registro de todos tus pensamientos y acciones, conscientes y subconscientes, de todas tus vidas.

Sabes que es tu registro, pues él te habla telepáticamente, comunicándote todo lo que deseas saber. Puedes abrir el libro si quieres. También podrías dejar que la información fluyera a tu mente.

Absorberás la información de muchas formas. Una parte llegará como un sentido de entendimiento y conocimiento. Hay material que será representado frente a ti, justo como sucedió hace mucho tiempo. Otra información, particularmente errores y juicios injustos, aparecerá como ropa colgada en una larga cuerda de tender. Esta última representa el hilo que conecta todas tus vidas, y la ropa simboliza los errores que has cometido. Todo esto debe hacerse antes de que puedas avanzar más. Son factores kármicos que se deben examinar.

Algunas de tus vidas pasadas tendrán magníficos colores, reflejando las glorias y éxitos que tuviste en esas encarnaciones. Otras vidas aparecerán en colores pastel, mostrando que disfrutaste de una existencia agradable, pero que apenas alcanzaste una fracción de lo que podías hacer. Hay unas encarnaciones que se mostrarán en blanco y negro, y se trata de vidas negativas. Puedes haber sido o no una mala persona en estas vidas, pero no pagaste muchas deudas kármicas y acumulaste más como resultado de dichas encarnaciones.

Conocerás temas que fluyen a través de muchas vidas. Entenderás de dónde provienen tus talentos, y te darás cuenta de cuánto puedes mejorar estas habilidades. Verás como ciertas personas te siguen vida tras vida. Observarás la forma en que cambian las relaciones para que todos experimenten cada combinación posible.

Sabrás del origen de tus temores y fobias. Una vez que entiendas las razones que causan estos problemas, dejarán de tener relevancia en tu existencia actual.

También descubrirás cómo tus pensamientos y acciones en esta vida están afectando tus futuras encarnaciones. Entenderás lo que es o no importante en esta vida.

Puedes permanecer en esta hermosa habitación todo el tiempo que quieras. Tal vez desees regresar tan pronto como obtengas la información que necesitas. Podrías decidir quedarte más tiempo para disfrutar todas tus vidas pasadas y entender la relación entre ellas.

Paso siete - Regresa al presente

Cuando estés listo, lo que necesitas hacer es pensar que es el momento de regresar. El portero abrirá la puerta y te acompañará hasta el patio. Hará una reverencia y te dirá que eres bienvenido cada vez que desees volver.

Sentirás un repentino tirón, e instantáneamente estarás de nuevo en tu cuerpo físico. Normalmente el retorno es suave y se hace sin esfuerzo. A veces podrías sentir un repentino movimiento brusco mientras regresas.

Permanece sentado en calma durante un minuto antes de abrir los ojos y retornar a tu mundo cotidiano. Experimentarás un brillo de satisfacción y una increíble sensación de bienestar cuando abras los ojos. También estarás motivado para dar lo mejor de ti mismo en el futuro.

Habrás ganado mucho conocimiento de tus vidas pasadas, y tendrás la alentadora convicción de que puedes visitar los registros akáshicos cada vez que quieras.

La experiencia de Conrad

Conrad es un contable de cuarenta y cuatro años. Sería difícil encontrar a alguien más racional y con los pies sobre la tierra. Admite abiertamente que al principio asistió a mis clases porque su esposa no quería venir sola. Sin embargo, ella perdió el interés rápidamente, pero él continuó. Él no tenía problemas para regresar a sus vidas pasadas, pero prefería el método de registros akáshicos.

—Concuerda con mi mente lógica –dice–. Puedo ir a un lugar (los registros akáshicos) y ver todas mis anteriores encarnaciones a la vez. Necesito examinar sólo las que quiero ver en ese momento en particular. Lo que realmente me gusta es que puedo obtener una visión clara del propósito de mi vida a lo largo de miles de años. Antes lo había logrado hasta cierto punto utilizando estos métodos, pero no he conocido a nadie tan interesante como el portero de los registros. Es fantástico el poder comunicarme con él telepáticamente. Parece leer mis pensamientos al mismo tiempo que los recibo, incluso más rápido. Pienso en algo e inmediatamente él se ocupa de eso.

Conrad ha sido hombre en casi todas las encarnaciones que ha explorado. Después de examinar tal vez cien vidas, se ha visto como mujer sólo tres veces.

—No sé por qué normalmente soy hombre –dice–. No soy machista o sexista de ningún modo. Parece que en mis vidas como mujer necesitaba de la perspectiva femenina para aprender las lecciones que requería en esas encarnaciones.

En la mayoría de sus vidas ha sido intelectual: monje, maestro, investigador y artista. Se relaciona fuertemente con todos estos campos en su vida actual. Muchas de sus existencias anteriores involucran el manejo de dinero, y varias veces ha sido tenedor de libros y contable.

—Espero estar haciendo algo más emocionante la próxima vez –y se ríe–. Me estoy cansando de ser siempre un contable.

La vida que más lo intriga es una en la que fue terrateniente en Sudáfrica a mediados del siglo XIX. En esa encarnación fue particularmente brutal con sus trabajadores.

—No puedo entenderlo –me dijo–. En las otras vidas parece que he sido una persona humanitaria, pero por alguna extraña razón, fui un monstruo en esa encarnación. ¿Por qué?

No parece haber una respuesta lógica a esto. Sin embargo, aunque él fue cruel con sus trabajadores, su comportamiento no era considerado inusual en ese tiempo. Su siguiente vida la desarrolló como misionero cristiano en el noroeste de África.

—No había duda de que yo era un misionero dedicado. Quizás estaba compensando la encarnación anterior –medita Conrad–. Sin embargo, es extraño. Me considero una persona espiritual, pero no pertenezco a ninguna iglesia ortodoxa. Sin embargo, tengo un buen conocimiento de la Biblia. Creo que debo de haber aprendido mucho sobre ella cuando fui misionero.

Conrad piensa que su amor por el orden y los detalles aparece insistentemente en todas sus vidas.

—Odiaría ser llamado delicado –dice–. Definitivamente fue en alguna de mis vidas anteriores, pero creo que ahora lo he sacado de mi esquema. En esta vida me estoy tomando las cosas como vienen. Solía preocuparme en todo momento, normalmente por trivialidades. Eso está bajo un mayor control ahora, gracias a los registros akáshicos. Si no hubiera visto estos rasgos pasar de una vida a otra, no sería tan consciente de ellos. Esto ha marcado una gran diferencia en mi vida, y mi familia ha notado lo relajado que estoy actualmente.

Conrad continúa explorando sus anteriores encarnaciones usando diversos métodos. Él y su familia han observado una mejora en cada aspecto de su vida desde que fue consciente de sus vidas pasadas.

14

LA TÉCNICA DE SENTIR

La única supervivencia que puedo concebir es comenzar
nuevamente un ciclo terrestre.
THOMAS EDISON *(1847-1931)*

Esta técnica no es recomendable para todo el mundo, ya que implica seguir temores, sufrimientos, miedos, traumas y fobias hasta sus fuentes en una vida anterior.

Traemos a esta encarnación una sorprendente cantidad de equipaje del pasado. Obviamente, alguien que nazca con temores anormales debe de haber aprendido de ellos en una existencia anterior. Si él o ella nunca hubieran encontrado esa situación particular antes, no habría razón para el miedo.

Mi hijo mayor nació con gran temor al agua y le resultó muy difícil aprender a nadar. Su hermano menor era todo lo contrario y le gustaba jugar en nuestra piscina desde una edad temprana. Obviamente, mi hijo mayor experimentó algo muy traumático relacionado al agua en una de sus vidas pasadas, y nació esta vez con fuertes temores al respecto.

Una de mis pacientes temía a las serpientes, y se mudó a Nueva Zelanda cuando tenía unos veinte años para alejarse de ellas. Sin embargo, su temor no desapareció aún viviendo en un país en el que no existen estos animales. Le resultaba imposible disfrutar de un paseo por el bosque o de una caminata por el campo, porque era posible que alguien hubiera traído una serpiente. Sabiendo que esto nunca había sucedido, sus temores no desaparecieron.

La regresé a una vida en la que se escondía en una cueva para evitar que la violasen. Justo cuando se sintió segura, descubrió que estaba compartiendo su escondite con una gran serpiente. El miedo a ésta era peor que el terror de lo que había afuera, y salió corriendo de la cueva para morir. Después de revivir la experiencia, perdió por completo el miedo a las serpientes. Orgullosamente expuesta en su sala hay una fotografía de ella tomada en el zoológico de Singapur. Sobre sus hombros está una pitón.

El miedo a insectos, ratas, ratones y serpientes es muy común y a menudo se relaciona con anteriores encarnaciones en la Edad Media, cuando ratas y ratones fueron la causa de la peste.

Otro de mis pacientes tenía un intenso temor a los espacios cerrados. En una vida pasada fue un sacerdote católico que se vio forzado a esconderse en un pequeño armario mientras los soldados del rey Enrique VIII registraban la casa. Estaba inconsciente cuando los soldados se fueron, y desde entonces le ha tenido miedo a espacios cerrados.

Cualquiera que sea tu temor, habrá una tendencia a repetirse una y otra vez hasta que lo hayas tratado. La técnica de sentir no es sólo una forma efectiva de regresar a una vida pasada, también puedes usar la regresión para liberar traumas creados durante anteriores encarnaciones. El método es sencillo.

La técnica de sentir

Paso uno - Relajación

Siéntate en un lugar que consideres seguro y protegido. Lo mejor es hacer esta regresión dentro de casa, ya que para realizarla debes sentirte seguro durante todo el desarrollo del ejercicio.

Busca la mayor comodidad posible. Asegúrate de que la habitación esté lo suficientemente cálida y de que no te interrumpirán durante aproximadamente una hora.

Cierra los ojos y respira profundamente tres veces, reteniendo cada inspiración durante un momento y luego espirando lentamente.

Piensa en algo agradable que hayas hecho recientemente. Puede ser cualquier cosa, pero es importante que sea una ocasión en la que disfrutases sin ninguna preocupación.

Después de pensar un rato en la placentera experiencia, deja fluir tu mente en otros momentos agradables que hayas tenido en el pasado.

Disfruta de tus pensamientos unos cuantos minutos, y luego dite silenciosamente a ti mismo: «Estoy completamente relajado y libre de estrés». Repite estas palabras una y otra vez. Mientras lo haces, encontrarás que te relajas cada vez más.

Puedes avanzar a la siguiente etapa cuando sientas que estás totalmente relajado.

Paso dos - Conciencia corporal

Sé consciente de tu cuerpo. En el ojo de tu mente visualízate sentado o acostado en tu habitación. Rodea el cuerpo con un círculo de protección. Imagina un cono de luz blanca pura descendiendo del techo y rodeando tu cuerpo físico. Al mismo tiempo recuerda que estás protegido y seguro.

Disfruta estas sensaciones durante uno o dos minutos. Luego, cuando te sientas listo, piensa en tu miedo o fobia. Siéntelo en tu cuerpo físico. Podrías experimentar una pesadez o sensación de malestar en alguna parte del cuerpo. Tal vez sea una presión en el pecho, mala respiración o dolor de cabeza. Normalmente el área está relacionada con la fobia. Si le tenías miedo al fuego, por ejemplo, esta sensación posiblemente sería una constricción en la nariz o la garganta.

Deja que la sensación en tu cuerpo aumente. Dale color. Una vez que tengas claro en tu mente este color, dale la forma que desees. La mayoría de las personas escoge formas redondas, cuadradas o triangulares, pero no tienes por qué limitarte a és-tas. Elige una forma que refleje el dolor y el malestar. Observa que puedes hacerla más grande o pequeña. Mientras crece, au-menta la sensación de malestar en tu cuerpo, y a medida que disminuye de tamaño, decrece el dolor. Experimenta haciéndo-la más grande y pequeña. Finalmente, reduce el tamaño para que puedas sentir sólo un malestar leve.

Paso tres - Explora esta vida

Deja que tu mente se dirija a otras ocasiones en las que sentiste este malestar, o cuando fuiste consciente de tu miedo o fobia. Aún tienes el control de la forma y puedes reducirla de tamaño si algunos recuerdos se vuelven demasiado dolorosos.

Tómate tu tiempo en esta etapa y observa en cuántas oca-siones del pasado que puedas recordar te afectaron este miedo o fobia.

Paso cuatro - Vidas anteriores

Inspira profundamente y espira lentamente. Ahora vas a agran-dar la forma, lo cual aumentará la sensación de malestar en tu cuerpo. Deja que la forma crezca todo lo que puedas soportar, y luego déjate ir de regreso a la primera vez que tuviste esta sensación.

Puede que necesites varios segundos para localizar la expe-riencia fundamental. Una vez que esté ahí, deja que la forma se haga cada vez más pequeña, hasta que desaparezca.

Ahora estás en una vida pasada. Mira alrededor y observa dónde te encuentras y qué está sucediendo. Recuerda que aún estás rodeado por el aro de protección y nada puede hacerte daño.

Observa la escena que se te está mostrando y qué información te da sobre tu miedo o fobia. Si te suministra toda la información que necesitas, puedes salirte de ella, confiado en que ya no tendrá efecto alguno en ti.

Si sientes que esta escena no te da todas las respuestas que requieres, permite que la forma aumente de tamaño nuevamente. Respira profundamente, y mientras espiras, pide ser llevado a otra experiencia fundamental que se relacione con tu miedo o fobia. Puedes repetirlo las veces que quieras.

Normalmente las personas usan este método de regresión para eliminar algo que las está reteniendo en esta vida. Sin embargo, una vez que hayas regresado a otra encarnación y resuelvas la dificultad, no hay razón para que no sigas adelante y explores con mayor profundidad esa existencia. Un buen conocimiento de esta vida pasada te ayudará a entender cómo se originó el problema inicialmente, y así podrás liberarte de él.

Paso cinco - De regreso al presente

Una vez que hayas explorado esta vida pasada, puedes regresar al presente en cualquier momento contando de uno a cinco. No abras los ojos inmediatamente. Piensa en lo que has aprendido y alcanzado con esta regresión. Date cuenta de que como resultado tu vida será más fácil, feliz y satisfactoria, ya que has eliminado algo que te bloqueaba.

Sé consciente del aro de protección que te rodea. Da gracias por lo que has logrado y abre los ojos.

La experiencia de Jeanette

Jeanette tiene dieciocho años y trabaja como asistente de oficina. Está planeando entrar en la universidad, pero hasta el momento no tiene idea de lo que quiere hacer con su vida. Toda su vida ha tenido miedo a conocer extraños. Cuando se encuentra en esas situaciones, experimenta una presión en el pecho, lo cual le hace difícil respirar. También suele sentirse confusa, se ruboriza y le es difícil mirar a los ojos a la gente. Ha tenido problemas para conocer a nuevas personas a lo largo de su vida, pero en los últimos años esto ha empeorado. Para superar el problema, Jeanette asistió a un curso de confianza personal que la ayudó temporalmente, pero acudió a mí por la insistencia de su madre. Pensé que ella no se presentaría a la cita, pues yo era otro extraño para ella, pero llegó unos minutos temprano con una sonrisa nerviosa en el rostro.

No tuvo dificultad en imaginar las sensaciones en su propio cuerpo. Sintió la presión en el pecho y se ruborizó. Describió el sentimiento como negro y en forma de almendra. Jeanette era buena para la visualización y pudo hacer que la almendra creciera y redujera su tamaño sin ningún problema.

Cuando le pedí que regresara a la primera vez que experimentó estas sensaciones, se dirigió a una vida pasada en condiciones primitivas. Ella y su familia vivían en el borde de un desierto y siempre estaban luchando por sobrevivir. La temperatura era insoportablemente cálida durante el día, y bajaba a cero grados por la noche. La familia se agrupaba para calentarse.

Un día su padre hizo comentarios sobre un gran grupo de hombres que cabalgaba a través del desierto y venía hacia ellos. Jeanette tenía unos seis años en ese momento, y se unió a su padre en la entrada de la cabaña para verlos llegar. Había cerca de veinte hombres en el grupo, todos sentados sobre camellos. El jefe le pidió comida y agua al padre de Jeanette, quien fue hospitalario y les ofreció una pequeña cantidad del preciado líquido. Sin embargo, les explicó que no tenía nada de comer para ellos.

El jefe del grupo estaba furioso. Señaló las tres cabras flacas que tenía la familia, y dijo que mataría una de ellas para él y sus hombres. Cuando el padre de Jeanette se negó, el hombre se bajó de su camello y lo apuñaló en el corazón. Luego cogieron las tres cabras y se marcharon. Jeanette estaba arrodillada junto a su padre muerto, cuando de la cabaña salieron su madre en avanzado estado de embarazo y los otros tres hijos.

Ninguno lloró. Instintivamente, Jeanette sabía que todos iban a morir, pues habían perdido el sostén de la familia y su riqueza en sólo unos pocos minutos. Los niños eran muy pequeños para sepultar a su padre. Con gran esfuerzo lo arrastraron hasta el desierto y lo dejaron ahí. Luego regresaron a casa para esperar la muerte. Esto les llevó mucho tiempo.

Jeanette contó la historia con una voz monocorde. Cuando llegó a la parte en la que no pudieron enterrar a su padre, no pudo contener las lágrimas y lloró durante varios minutos.

Dijo que sí con la cabeza cuando le pregunté si esta triste historia tenía que ver con su miedo a los extraños.

—¿Puedes liberarte de ello ahora? –le pregunté–. ¿Te das cuenta de que la mayoría de las personas son buenas?

De nuevo dijo que sí con la cabeza.

—Se ha ido –dijo–. Me he liberado del problema.

Jeanette parecía distinta cuando regresó al presente. Tenía más vitalidad y energía, y pudo mirarme directamente a los ojos.

Varios días después su madre llamó para agradecerme el haber trasformado la vida de su hija.

—Es como si estuviera iniciando una nueva vida –dijo ella–. Nunca para de hablar y reír. Incluso un muchacho la llamó anoche; eso nunca había sucedido antes.

15

CON LA AYUDA
DE TUS GUÍAS

El alma de un hombre es como el agua;
del cielo viene
al cielo se eleva
y luego regresa a la tierra...
JOHANN WOLFGANG VON GOETHE *(1749-1832)*

Todos tenemos ayudantes invisibles que están preparados para orientarnos y aconsejarnos cada vez que lo necesitemos. Son nuestros ángeles guardianes y guías espirituales. Son personas que han muerto pero aún tienen interés en lo que sucede en esta vida, y están dispuestos a brindar ayuda cada vez que lo pida la persona a la que cuidan. Normalmente los guías espirituales son parientes fallecidos, pero no siempre es el caso. Puede ser cualquiera que tenga interés en tu bienestar y felicidad. No estás limitado a un sólo guía, y su principal interés es tu crecimiento espiritual. Por consiguiente, están preparados para ayudarte a descubrir tus vidas pasadas, e incluso te guiarán a través de todo el proceso si lo deseas.

Puedes sentir que sólo tienes un guía espiritual, pero en la práctica, tienes varios de ellos que te cuidan constantemente. El guía que sea apropiado para tu actual necesidad estará disponible para ayudarte en cualquier momento.

Bajo circunstancias normales es probable que no veas o escuches a tu guía usando los ojos o los oídos. Los guías se comunican telepáticamente, y requiere tiempo y práctica abrirse a los mensajes que envían. A menudo, estos mensajes parecen sólo pensamientos hasta que uno se detiene y piensa en ellos. Debido a que esto es difícil para la mayoría de las personas, se han desarrollado diversos mecanismos, tales como la güija y la escritura automática, para hacer más fácil la comunicación con los guías.

Escritura automática

La escritura automática se hizo popular en el siglo XIX, cuando los espiritistas la usaban para comunicarse con el otro lado. Sin embargo, se puede utilizar para muchos propósitos. Por ejemplo, se han escrito varios libros empleando la escritura automática. Uno de los más ejemplares es *Private Dowding*, de W. T. Poole, que se convirtió en superventas en 1918. Este libro contaba las experiencias de Thomas Dowding, un joven maestro inglés que murió por disparos en Francia. Este libro dio consuelo a muchas personas que habían perdido sus hijos durante la guerra.

Es interesante observar que de Harriett Beecher Stowe, la célebre autora de *La cabaña del tío Tom,* se dijo que «ella no lo escribió: le fue dado, pasó frente a ella».[39] Y en el prefacio de su famoso poema *Jerusalem*, William Blake escribió que éste le fue dictado. T. P. James utilizó escritura automática para completar *The Mystery of Edwin Drood,* que quedó sin terminar cuando Charles Dickens murió. Y todos los trabajos de Patience Worth fueron comunicados por la güija o por la escritura automática.[40]

---

39 Fodor, *Encyclopaedia of Psychic Science,* 22.
40 Webster, *Spirit Guides and Angel Guardians,* 172-75.

La escritura automática es un fenómeno natural que cualquiera puede hacer. Sin embargo, requiere práctica. La mayoría de las personas produce formas y letras indescifrables cuando comienza a experimentar con esta clase de escritura. No obstante, con la práctica lo que hacen es cada vez más legible.

Todo lo que necesitas hacer es sentarte cómodamente junto a un bloc de hojas y un lápiz o bolígrafo. Tu codo debe formar un ángulo de noventa grados. Coge tu instrumento de escritura sin apretarlo, con la punta sobre el papel, y espera a que se mueva. Quédate tranquilo y observa lo que sucede. Los mejores resultados se dan si piensas en otra cosa y dejas que el lápiz haga lo que quiera.

Después de un rato, la mano que tiene el lápiz empezará a moverse. No prestes atención. La escritura automática es inconsciente, y se pierde si te fijas en lo que estás escribiendo.

Si eres afortunado, comenzarás a escribir palabras y frases inmediatamente, aunque la mayoría de las personas empieza trazando formas tales como círculos y elipses. Podrías escribir unas cuantas palabras al revés, como para ser leídas en un espejo. No importa lo te salga inicialmente. Practica y tu habilidad se desarrollará. Te vas a asombrar de lo que harás. También descubrirás que puedes escribir durante horas sin cansarte. Realmente es una escritura automática.

Podrías descubrir que obtienes mejores resultados utilizando la mano con la que no escribes. Esto no funciona para mí, pero conozco a varias personas que hacen toda su escritura automática de esta manera.

Una vez que estés familiarizado con el proceso, puedes usar esta escritura para explorar tus vidas pasadas. Mientras estás sentado esperando que empiece la escritura, piensa en tu deseo de regresar a una de tus anteriores encarnaciones. Si quieres puedes pensar en una vida pasada en particular, o dejarla al azar.

Yo prefiero usar la escritura automática para regresar a vidas específicas que están relacionadas con problemas o dificultades de mi vida actual. Para hacerlo, mientras esperas a que el lápiz se mueva, piensa en algo que esté bloqueando tu progreso en esta existencia.

Hace algunos años, una de mis estudiantes se quedó después de la clase para decirme que había desarrollado una fobia referente a ir a la iglesia. Mónica era una persona tímida que constantemente jugaba con su bolso mientras me comentaba su problema. Cada vez que iba a la iglesia se sentía cada vez más inquieta. Pensó que había encontrado una solución sentándose en el fondo de la iglesia cerca de la puerta. Sentándose ahí se aliviaba la tensión, pero no la eliminaba. Ella era una señora religiosa que disfrutaba asistiendo a la iglesia, y estaba frustrada por no poder hacerlo ya. Descubrí que también había dejado de ir al cine, o a cualquier otro sitio donde se congregaran grupos de personas. Parecía extraño que pudiera asistir a mis clases, pero no iba al cine. Mónica explicó que vino a mis clases sólo porque su vecino de al lado quería asistir y le aseguró que podía ayudarla a resolver ese problema.

Lo primero que pensé fue hacer una regresión hipnótica, pero recordé el talento que tenía para la escritura automática. Sugerí que usara este método para que regresara al pasado y encontrara la causa de su problema. La siguiente semana Mónica llegó con la respuesta.

La primera vez que trató de usar la escritura automática para averiguar la causa del trastorno se puso tan tensa que el experimento no funcionó. Por lo tanto, la noche siguiente se tomó un gintónic antes de comenzar. No es una práctica que yo recomendaría, pero a Mónica le permitió relajarse lo suficiente para asegurar que el procedimiento funcionara. Escribió cosas sin sentido los primeros días, pero perseveró. Finalmente logró un fuerte mensaje.

El lápiz escribió: «Muy cansado. No hay solución para el problema. Marcus continúa maltratándome de noche y de día. No hay violencia física. Constante abuso mental. Yendo hasta la noche en Ranold's. Marcus lo prohíbe, pero yendo de todos modos. Veinte personas ahí en una pequeña sala de estar. Ranold dice oraciones, luego cantamos John Wesley. Humo, humo y gases. La casa en llamas y corremos hacia la puerta, pero no abre. Bloqueada afuera. Corro a través de la casa, caigo. No puedo respirar. Alguien tira de mí. Demasiado tarde. Estoy en paz». (Esto fue escrito como una frase larga y continua. Yo le he puesto signos de puntuación, pero no alteré las palabras).

Mónica asistió a la iglesia pocos días después de recibir este mensaje. Se sintió un tanto nerviosa cuando entró, pero pudo sentarse en el centro del recinto y poner atención al servicio religioso. Salió sintiéndose mejor de lo que había experimentado durante años.

Mónica no tenía deseos de explorar con mayor profundidad esa particular vida.

—No sé quién era Marcus, y no me importa –me dijo–. Estoy mejor no sabiendo quién fue realmente.

Regresión con el guía espiritual

Ésta es una técnica de relajación progresiva que le permite a tu guía espiritual llevarte en una exploración acompañada de tus vidas pasadas. Era el método favorito de muchos de mis estudiantes, ya que les permitía ver y conocer a uno de sus guías espirituales en el curso de la regresión.

Como es usual, busca la comodidad en una habitación cálida, y asegúrate de que no te interrumpirán.

Paso uno - Relajación

Respira profundamente varias veces y espira lentamente. Relaja todos los músculos, comenzando con los dedos de los pies y trabajando gradualmente el cuerpo hasta la coronilla. Cuando sientas que estás totalmente relajado, examina mentalmente tu cuerpo para hallar áreas con tensión. Relájalas, y luego haz otro examen. Cuando te sientas completamente relajado, avanza al paso dos.

Paso dos - Encuentra a tu guía

Visualízate en la parte superior de una hermosa escalera. Yo imagino una magnífica escalera de mármol por la que caminé hace varios años en un alojamiento en Francia. La tuya puede ser real o imaginaria; lo importante es que sea hermosa y tenga diez peldaños. Te sientes emocionado porque sabes que tu guía espiritual está al pie de la escalera esperando acompañarte a visitar una vida pasada.

Coloca tu mano sobre la barandilla, y lentamente baja la escalera diciéndote a ti mismo «diez, relájate… nueve, relájate… ocho, relájate…» y así sucesivamente hasta llegar al final.

Te das cuenta de que aún no has encontrado a tu guía espiritual, pero cuando pisas el suelo de la más maravillosa habitación que ha visto, lo (la) observas caminando hacia ti con una sonrisa amigable (de aquí en adelante nos referiremos al guía como hombre para simplificar). Sientes que lo has conocido toda tu vida y caminas felizmente en busca de su abrazo. Luego él te guía a un cómodo sofá, y los dos os sentáis y habláis sobre tu deseo de regresar a una vida pasada.

Paso tres - Retrocediendo en el tiempo

Tu guía espiritual te escucha con una amable sonrisa. En algunos momentos, él indica estar de acuerdo moviendo la cabeza. Cuando hayas terminado de decirle a qué vida en particular quieres regresar, él te indica las puertas que hay en la habitación. Cada una de ellas, te dice, te conduce a una de tus anteriores encarnaciones. Sin embargo, sólo una te guiará a la vida que deseas explorar.

Tu guía espiritual se levanta y te lleva a una puerta en la pared más lejana. Te pregunta si estás listo para proceder. Sonríe por tu respuesta positiva, y abre la puerta.

Es imposible ver lo que hay más allá de la puerta, ya que todo está cubierto por una densa niebla. Tu guía te toma de la mano y camina hacia adentro confiadamente. Oyes la puerta cerrarse detrás.

Ahora sigues a tu guía dentro de la niebla. Él se detiene y te pide que escuches. Oye débiles sonidos que en principio no puedes identificar. Pero mientras aún tratas de reconocerlos, la niebla gradualmente desaparece y puedes mirar a tu alrededor.

Paso cuatro - Explora tu vida pasada

Una vez que te familiarices con la escena, puedes explorar esta vida pasada tan profundamente como quieras. Todo lo que necesitas es pedirle a tu guía espiritual lo que deseas ver, e instantáneamente ocurrirá. Por ejemplo, si quieres ver a tu pareja en esa encarnación, pídele al guía que te lleve a una escena que lo (la) involucre, y al instante te la presentará.

Igualmente, cuando estés listo para regresar al presente, dile a tu guía que has tenido suficiente, en un instante estarás en la bella habitación donde lo encontraste inicialmente.

Paso cinco - Regresa a la conciencia plena

Gradualmente sé consciente de la habitación y de que estás de regreso en el presente. Agradécele a tu guía espiritual la ayuda y el apoyo, y sube lentamente la escalera, contando de uno a diez mientras lo haces. Cuando te sientas listo, abre los ojos, estírate y levántate.

La experiencia de Hillary

—Siempre me he sentido un poco nerviosa por la posibilidad de explorar mis vidas pasadas –me dijo Hillary.

Es una alegre mujer de unos treinta y cinco años de edad. Ya que parece muy segura de sí misma, me sorprendí al oírla expresar su nerviosismo.

—Es porque estaba emocionada por aprender a trabajar con mi guía espiritual. Ya había contactado con él, así que era maravilloso retroceder en el tiempo a su lado.

Hillary regresó a una vida pasada en tiempos medievales.

—Debe de haber sido un convento –dijo ella–. Era grande (realmente enorme) y nosotras las monjas teníamos vidas ocupadas orando, estudiando y trabajando. Era una vida satisfactoria. La parte difícil era levantarme a medianoche para maitines y alabanzas. Teníamos ocho horas de sueño por noche, pero eran interrumpidas por el servicio de las dos de la mañana.

—¿Hay algunos incidentes que sobresalen en esta vida? –pregunté.

Hillary dijo que sí con la cabeza.

—Sí, realmente hubo algunos. Uno fue sorprendente. Una vez al año, el obispo venía a ver como iban las cosas en el convento. Eso era entendible, pero no me gustaba la forma en que hacía que todas las monjas chismearan. Lo veíamos de una en una. Él hacía preguntas mientras su escribiente lo registraba todo. Este último tenía una permanente expresión de *shock* en su cara.

Hillary cerró los ojos para ver la escena más vívidamente.

—No me gustaba, así que nunca daba información. Había cosas que podría haber dicho, y quizás debí haberlo hecho, pero parecía no estar bien hablar de las personas con las que pasaba cada minuto de mi vida.

—¿Las demás sí comentaban cosas?

Hillary rió.

—¡Sí que lo hacían! Incluso inventaban historias de personas que detestaban. Algunas se quejaban de todos.

—No es lo que usted esperaría de un grupo de monjas.

Hillary meneó la cabeza.

—Sólo éramos personas. Algunas tenían vocación, otras no. –Hillary suspiró profundamente–. ¡Tal vez había un gran karma reunido ahí! De todos modos, creo que no decir nada al final me ayudó, pues me convertí en priora.

166

—¿Lo disfrutó?

Hillary meditó la pregunta.

—Sí y no. Tenía mis propias habitaciones y una monja que me ayudaba. Era extraño tener un poco de privacidad. Además, salía mucho. Repentinamente estaba dirigiendo un negocio. Tenía que supervisar los bienes y ver que nadie nos estuviera robando. Era un trabajo difícil, especialmente cuando se vendía la lana, pero algunas de las monjas tomaban a mal que yo saliera tan a menudo. ¡Podría apostar a que se lo comentaban al obispo en sus visitas!

—¿Lo piensa?

Hillary manifestó enojo.

—Lo sé. Cada año era interrogada por el obispo, lo mismo que todas las demás. Sabía lo que sucedía, a quién le agradaba y a quién no. Algunas personas tomaban a mal el hecho de que yo fuese priora y en todo momento trataban de socavar mi autoridad. Nunca pude relajarme completamente. Realmente, aún no puedo.

—¿Es eso producto de esta vida pasada?

—Tal vez. No estoy segura. Lo que sí sé es que nunca he podido confiar en las personas. Sin importar lo que digan o hagan, siempre me pregunto si tienen otro motivo detrás. Este problema definitivamente se originó en mi vida en el convento.

—¿Era anciana cuando murió?

Hillary dijo que sí con la cabeza.

—Muy vieja, creo. Aún era priora. En realidad, viví más tiempo que todas las que hablaban en mi contra. Pienso que al final fui respetada, y quizás me querían un poco. Estoy segura que no fui amada.

—¿Por qué piensa eso?

—Porque toda esa vida sentí como si algo importante me faltara. Tuve tres hermanas, y las visitaba y hacía vida familiar unos pocos días. Envidiaba sus hogares, esposos y familias. Yo era la menor, por eso me convertí en monja. Mis hermanas también iban al convento y se quedaban conmigo. Ésos eran los mejores momentos. Disfrutaba las visitas, me hacían feliz. El resto del tiempo me sentía aislada y sola, sin amor. –Hillary apartó la mirada y limpió sus ojos–. Lo mismo que en mi vida actual.

Esperé hasta que ella recuperó su calma.

—¿Cambiará algo en su vida como resultado de esta regresión?

Hillary movió sus hombros y me miró fijamente.

—¡Voy a cambiarlo todo!

Guías espirituales participando en la regresión

En mi libro Ángeles guardianes y guías espirituales, presenté la historia de una de mis pacientes que tenía problemas de peso. Durante una sesión de hipnoterapia, espontáneamente regresó a una vida pasada y encontró a su guía espiritual. Ella había sido hombre en esa encarnación, y su esposa era su guía espiritual en la vida actual.[41] Muchas personas han experimentado sucesos similares.

Como los guías espirituales frecuentemente son parientes fallecidos, no es sorprendente que aparezcan en las vidas anteriores de tanta gente. Las personas que conozco que lo han experimentado han dado por sentada la presencia de su guía espiritual. Verlo de esta manera les pareció una experiencia muy positiva. Ésta es normalmente la primera vez que dichas personas ven a su guía espiritual, y encuentran que es algo reconfortante y útil. De hecho, la aparición y el reconocimiento de un guía espiritual es generalmente el aspecto más importante de la regresión, sin importar lo emocionantes que sean el resto de los recuerdos.

---

41 *Ibíd.*, 273-77.

Por desgracia, no se puede garantizar que regresarás a una vida anterior y que contactarás con él. Algunas personas han experimentado por sugestión antes de la regresión que regresarán a una existencia que incluya a su guía espiritual. Sin embargo, los resultados no han sido concluyentes. Todo lo que puedes hacer es estar alerta a la posibilidad. No tendrás problemas para reconocer a tu guía espiritual. Todos los que han pasado por esto me han dicho que el reconocimiento fue instantáneo, y a menudo arrollador.

Aunque tal vez no encuentres a tu guía en el curso de una regresión normal, cuando quieras puede pedirle que te acompañe.

CONCLUSIÓN

¡Regresaré a ti,
Tierra, la más querida
madre mía!
Yo que te he amado con alegría perpetua,
interminable descubrimiento, novedad diurna....
Ahora me marcho...
Sin embargo, ciegamente buscaré y esperaré
hasta que la verdadera puerta se abra, la verdadera voz
llame de nuevo;
y de regreso a la alta propiedad humana,
de regreso a la totalidad del alma, resurgente,
¡oh, Tierra!, ¡oh, la más querida! Regresaré,
regresaré a ti, Tierra, mi madre.
MARGARET L. WOODS *(1856-1945)*

Cuando aceptes el concepto de la reencarnación, tendrás la oportunidad de trasformar tu vida. Algunas personas afirman que si aceptan la reencarnación y el karma, no se necesita hacer ningún esfuerzo y sólo podemos tomar la vida como es. Por supuesto, es el caso contrario. Es mucho más probable tener una vida buena y productiva cuando se tiene en cuenta la reencarnación, ya que uno es consciente de que todo karma, bueno o malo, se pagará finalmente. Esto significa que tendrás una completa responsabilidad de tus acciones y la forma en que conduces tu vida. Tus relaciones con los demás mejorarán porque serás más humanitario, comprensivo y compasivo. Siendo consciente de tus propias acciones es mucho menos probable que te invada la malicia, la deshonestidad y el rencor. Shaw Desmond lo explicó sucintamente cuando escribió, «El saber que si un hombre le hace daño a una mujer en esta vida, con seguridad tendrá que tenerla en cuenta en una existencia futura, lo pone a uno a pensar».[42]

Una vez que hayas descubierto los bancos de recuerdos de tus anteriores encarnaciones, también serás amable contigo mismo. Entenderás que tú eres como eres debido a todo lo que has hecho en el pasado. En otras palabras, has ganado tu posición presente en la vida. Y la clase de futuro que deseas depende de tus pensamientos y acciones en esta vida.

Serás consciente de que cada momento de la vida es valioso. Nada se ha perdido. Tus tiempos de tristeza son tan importantes como los de suprema felicidad y realización. Todo toma parte en tu progreso y desarrollo.

Al conocer tus vidas pasadas sabrás cuáles son las lecciones en las que debes concentrarte en esta encarnación. También puedes observar tus fortalezas. La mayoría de las personas tiende a subestimarse. Descubriendo cómo manejaron situaciones difíciles en existencias anteriores, frecuentemente aumentan la autoestima, y se dan cuenta de que son mejores seres humanos de lo que pensaban.

Recuerda estar alegre mientras investigas tus muchas vidas pasadas. Relájate y diviértete. Probablemente no lograrás buenos resultados si estás preocupado, estresado, escéptico, deprimido o muy cansado. Tendrás el máximo éxito si eres positivo y tienes la mente abierta.

Sé paciente. Yo sé que todo te saldrá bien con el tiempo. Sin embargo, todos somos diferentes. Algunos regresan a sus vidas pasadas inmediatamente, mientras otros necesitan practicar mucho tiempo. Es natural decepcionarse y desmotivar-

---

42 Desmond, *Reincarnation for Everyman,* 39.

se cuando se requiere de más tiempo del esperado para tener éxito. En el rápido mundo actual, todos queremos resultados inmediatos. Desafortunadamente, esto rara vez ocurre cuando se investigan vidas pasadas. Si tienes dificultades, saca tiempo para actividades divertidas, y regresa a tus anteriores existencias cuando te sientas relajado y feliz.

Sé que aprenderás mucho de ti mismo examinando tus anteriores encarnaciones. Espero que la información de este libro te ayude a descubrir lecciones que deben ser aprendidas, y te permita disfrutar un futuro feliz, satisfactorio y exitoso.

BIBLIOGRAFÍA Y LECTURAS
SUGERIDAS

ALGEO, John. *Reincarnation Explored*. Wheaton, Illinois: The Theosophical Publishing House, 1987.

ANDREWS, Ted. *Cómo descubrir sus vidas pasadas*. St. Paul, Minnesota: Llewellyn Publications, 1992.

ARMITAGE, Roseanne, Aaron Rochlen, y Thomas Finch. «Dream Recall and Major Depression», 8-14. Artículo presentado en la undécima conferencia de la Association for the Study of Dreams, Leiden, los Países Bajos, 1994. Citado en Robert Moss, *Conscious Dreaming*. Nueva York: Crown Trade Paperbacks, 1996), 35.

ATREYA, B. L. *Introduction to Parapsychology*. Benares, India: The International Standard Publications, 1957.

AUERBACH, Loyd. *Psychic Dreaming*. Nueva York: Warner Books, Inc., 1991.

—, *Reincarnation, Channeling and Possession*. Nueva York: Warner Books, Inc., 1993.

Averroes (Ibn Rushd). *On the Soul*. Traducción. W. Emmanuel. N. p.: 1822.

BERNSTEIN, Morey. *The Search for Bridey Murphy*. Nueva York: Doubleday and Company, 1956.

BILLING, Philip B. *My First Incarnation with the Maori People*. Te Kawhata, Nueva Zelanda: Mitaki Ra Publications, 1997.

BLYTHE, Henry. *The Three Lives of Naomi Henry*. Londres: Frederick Muller Limited, 1956.

Brennan, J. H. *Reincarnation: Five Keys to Past Lives*. Ed. rev. Wellingborough, Inglaterra: The Aquarian Press, 1981.

Castaneda, Carlos. *Journey to Ixtlan: The Lessons of Don Juan*. Nueva York: Simon & Schuster, Inc., 1972.

Cerminara, Gina. *Many Lives, Many Loves*. Marina del Rey, California: DeVorss and Company, 1963.

Cockell, Jenny. *Yesterday's Children*. Londres: Judy Piatkus Publishers Limited, 1993.

Cooper, Irving S. *Reincarnation: The Hope of the World*. Londres: The Theosophical Publishing House, 1918.

Cott, Jonathan. *The Search for Omm Sety*. Nueva York: Doubleday and Company, 1987.

Cranston, Sylvia, y Carey Williams. *Reincarnation: A New Horizon in Science, Religion and Society*. Nueva York: Julian Press, 1984.

Currie, Ian. *You Cannot Die*. Rockport, Massachussets: Element Books, 1995.

Desmond, Shaw. *Reincarnation for Everyman*. Londres: Rider and Company, 1950.

Dowding, lord Hugh. *Lychgate: The Entrance to the Path*. Londres: Rider and Company Limited, 1945.

Edwards, Paul. *Reincarnation: A Critical Examination*. Amherst, NuevaYork: Prometheus Books, 1996.

Emerson, Ralph Waldo. *Lectures and Biographical Sketches*. 1868. Reimpresión, Londres: The Philosophical Learning Foundation, 1923.

Evans-Wentz, W. Y. *Tibetan Yoga and Secret Doctrines*. Nueva York: Oxford University Press, 1958.

Fisher, Joe. *The Case for Reincarnation*. Toronto: Somerville House Publishing, 1984.

Fodor, Nandor. *Encyclopaedia of Psychic Science*. Nueva York: University Books, Inc., 1974.

Ford, Henry. «Interview by George Sylvester Viereck». *San Francisco Examiner*, 26 de agosto de 1928.

GALLUP, George, con William Proctor. *Adventures in Immortality*. Nueva York: McGraw-Hill Book Company, 1982.

GATER, Dilys. P*ast Lives: Case Histories of Previous Existence*. Londres: Robert Hale Limited, 1997.

GERARD, Robert V., Ph. D. DNA *Healing Techniques*. 3ª ed. Coarsegold, California: Oughten House Foundation, Inc., 1999.

GOLDBERG, Bruce, Dr. *Past Lives, Future Lives*. North Hollywood, California: Newcastle Publishing Company, Inc., 1982.

GORDON, Henry. *Channeling into the New Age: The Teachings of Shirley MacLaine and Other Such Gurus*. Buffalo, Nueva York: Prometheus Books, 1988.

GRANT, Joan. *Winged Pharaoh*. Londres: Arthur Baker Limited, 1937.

GRANT, Joan, y Denys Kelsey. *Many Lifetimes*. Nueva York: Doubleday and Company, 1967.

GREEN, Celia. *Lucid Dreams*. Londres: Hamish Hamilton Limited, 1968.

GUIRDHAM, Arthur. *The Cathars and Reincarnation*. Londres: Turnstone Press, 1970.

HARTLEY, Christine. *The Case for Reincarnation*. Londres: Robert Hale Limited, 1986.

HEAD, Joseph, and S. L. Cranston, eds. *Reincarnation: An East-West Anthology*. Wheaton, Illinois: The Theosophical Publishing House, 1968.

HUGHES, Thea Stanley. *Twentieth Century Question: Reincarnation*. Somerton, Inglaterra: Movement Publications, 1979.

HANSON, V., R. Stewart, y S. Nicholson. *Karma: Rhythmic Return to Harmony*. Wheaton, Illinois: The Theosophical Publishing House, 1990.

HUMPHREYS, Christmas. *Karma and Rebirth*. Londres: John Murray Limited, 1943.

IAMBLICHUS. *Life of Pythagoras, or Pythagoric Life.* N. p.: A. J. Valpy, 1818.

IVERSON, Jeffrey. *More Lives Than One.* Londres: Souvenir Press, 1976.

JUNG, Carl. *Memories, Dreams, Reflections.* Londres: Collins and Routledge and Kegan Paul, 1963.

KASON, Yvonne, y Teri Degler. *A Farther Shore.* Toronto: HarperCollins Publishers Ltd., 1994.

LANGLEY, Noel. *Edgar Cayce on Reincarnation.* Nueva York: Castle Books, 1967.

LENZ, Frederick, *Dr. Lifetimes.* Nueva York: Bobbs-Merrill Company, 1979.

LINN, Denise. *Past Lives, Present Dreams.* Londres: Judy Piatkus Publishers Limited, 1994.

LUNTZ, Charles E. *The Challenge of Reincarnation.* St. Louis, Misuri: Charles E. Luntz Publications, 1957.

MACLAINE, Shirley. *Out on a Limb.* Londres: Elm Tree Books, 1983.

MCCLAIN, Florence Wagner. *A Practical Guide to Past Life Regression.* St. Paul, Minnesota: Llewellyn Publications, 1985.

MERMET, Alexis, abad. *Principles and Practice of Radiesthesia.* Traducción Mark Clement. 1959. Reimpresión, Longmead, Dorset, Inglaterra: Element Books, 1987.

MOORE, Marcia. *Hypersentience.* Nueva York: Crown Publishers, Inc., 1976.

MOSS, Peter, y Joe Keeton. *Encounters with the Past.* Londres: Sidgwick and Jackson Limited, 1979.

MUMFORD, Jonn, *Dr. Karma Manual.* St. Paul, Minnesota: Llewellyn Publications, 1999.

NEWTON, Michael. *Journey of Souls.* St. Paul, Minnessota: Llewellyn Publications, 1994.

NORBU, Namkai. *Dream Yoga and the Practice of Natural Light.* Ithaca, Nueva York: Snow Lion, Inc., 1992.

PERKINS, James S. *Experiencing Reincarnation*. Wheaton, Illinois: The Theosophical Publishing House, 1977.

PLATÓN. *The Laws*. Trad. A. D. Lindsay. Londres: J. M. Dent and Sons Limited, 1912.

PLAYFAIR, Guy Lyon. *The Unknown Power*. Nueva York: Pocket Books, 1975.

POOLE, W. T. *Private Dowding*. Londres: Rider and Company, 1918.

ROGO, D. Scott. *Life After Death: The Case for Survival of Bodily Death*. Wellingborough, Inglaterra: The Aquarian Press, 1986.

—, *The Search for Yesterday: A Critical Examination of the Evidence for Reincarnation*. Englewood Cliffs, Nueva Jersey: Prentice Hall and Company, 1985.

Rolfe, Mona. *The Spiral of Life: Cycles of Reincarnation*. 1975. Reimpresión, Saffron Walden, Inglaterra: The C. W. Daniel Company Limited, 1992.

ROSEN, Steven. *The Reincarnation Controversy*. Badger, California: Torchlight Publishing, Inc., 1997.

SAINT-DENYS, Marqués d'Hervey de. *Les Rêves et les Moyens de les diriger*. París: Amyot, 1867.

SARRIS, Arian. *Healing the Past*. St. Paul, Minnesota: Llewellyn Publications, 1997.

SCHOLEM, Gershom, ed. *Zohar, The Book of Splendor: Basic Readings from the Kabbalah*. Nueva York: Schoken Books, 1974.

SHARMA, I. C. Cayce, *Karma and Reincarnation*. Wheaton, Illinois: The Theosophical Publishing House, 1982.

STEARN, Jess. *The Search for the Girl with the Blue Eyes*. Garden City, Nueva York: Doubleday and Company, 1968.

STEIGER, Brad. *You Will Live Again*. Nevada City, California: Blue Dolphin Publishing, Inc., 1996.

STEINER, Rudolf. *Reincarnation and Immortality*. Blauvelt, Nueva York: Multimedia Publishing Corporation, 1970.

STEMMAN, Roy. *Reincarnation: Amazing True Cases from Around the World.* Londres: Judy Piatkus Publishers Limited, 1997.

STEVENSON, Ian, Dr. *Children Who Remember Previous Lives.* Charlottesville, Virginia: The University Press of Virginia, 1987.

—, *Twenty Cases Suggestive of Reincarnation.* 2ª ed. Charlottesville, Virginia: The University Press of Virginia, 1974.

—, *Where Reincarnation and Biology Intersect.* Westport, Connecticut: Praeger Publishers, 1997.

STORY, Francis. *The Case for Rebirth.* Kandy, Sri Lanka: Buddhist Publication Society, 1959.

STREET, Noel. *The Man Who Can Look Backward.* Nueva York: Samuel Weiser, Inc., 1969.

TART, Charles T., Dr. *Foreword to Control Your Dreams,* por Jayne Gackenbach y Jane Bosveld. Nueva York: Harper and Row Publishers, Inc., 1989.

VALLIERES, Ingrid. *Reincarnation Therapy.* Trad. Pat Campbell. Bath, Inglaterra: Ashgrove Press, 1991.

VAN AUKEN, John. B*orn Again and Again: How Reincarnation Occurs and What It Means to You.* Virginia Beach, Virginia: Inner Vision Publishing Company, 1984.

WALKER, Benjamin. *Masks of the Soul: The Facts Behind Reincarnation.* Wellingborough, Inglaterra: The Aquarian Press, 1981.

WALKER, E. D. *Reincarnation: A Study of Forgotten Truth.* 1888. Reimp., Nueva Hyde Park, Nueva York: University Books, Inc., 1965.

WAMBACH, Helen. *Reliving Past Lives: The Evidence Under Hypnosis.* Nueva York: Harper and Row Publishers, Inc., 1978.

WATSON, Lyall. *The Romeo Error.* Garden City, Nueva York: Anchor Press/Doubleday, 1975.

WEATHERHEAD, Leslie D. *Life Begins at Death.* Nashville, Tennessi: Abingdon Press, 1969.

WEBSTER, Richard. *Dowsing for Beginners.* St. Paul, Minnesota: Llewellyn Publications, 1996.

—, *Numerology Magic.* St. Paul, Minnesota: Llewellyn Publications, 1995.

—, *Ángeles guardianes y guías espirituales.* St. Paul, Minnesota: Llewellyn Publications, 1998.

WEISS, Brian L. *Many Lives, Many Masters.* Nueva York: Simon and Schuster Inc., 1989.

—, *Only Love Is Real.* Nueva York: Warner Books, Inc., 1996.

WHITTON, Joel L., y Joe Fisher. *Life Between Life: A Scientific Exploration into the Void Separating One Incarnation from the Next.* Nueva York: Doubleday and Company, 1986.

WILLIAMS, Loring G. *«Reincarnation of a Civil War Victim».* Fate 19 (diciembre de 1966): 44-58.

WINKLER, E. Arthur, Dr. *Reincarnation and the Interim Between Lives.* Cottonwood, Arizona: Esoteric Publications, 1976.

YALKUT *Re'uveni.* Trad.W. Fitzgerald. Londres: G. Wilberforce, 1837.

Zohar: The Book of Splendor. Trad. Harry Sperling y Maurice Simon. Londres: N. p., 1931-34.

ÍNDICE ANALÍTICO

ÍNDICE